TODO POR MI FAMILIA

Del Pastor: **J. Antonio Massi**

Para:_____

TODO POR MI FAMILIA

J. ANTONIO MASSI

Número de Control de la Biblioteca del Congreso:	2022900444
ISBN:	Tapa Blanda	978-1-5065-3962-1
	Libro Electrónico	978-1-5065-3963-8

Fecha de revisión: 18/01/2022

Para realizar pedidos de este libro, contacte con:
Palibrio
1663 Liberty Drive, Suite 200
Bloomington, IN 47403
Gratis desde EE. UU. al 877.407.5847
Gratis desde México al 01.800.288.2243
Gratis desde España al 900.866.949
Desde otro país al +1.812.671.9757
Fax: 01.812.355.1576
ventas@palibrio.com
838138

Al final de todo uno descubre que lo más
importante es LA FAMILIA.

Pastor J Antonio Massi
Ministerio Restaurando la familia.

ÍNDICE

Dedicatoria ix

Introducción xi

Capítulo 1   ¿Qué vamos a hacer con nuestra familia? 1

Capítulo 2   Asesorados por el diseñador 6

Capítulo 3   Prudencia, fortalece los cimientos de la familia 12

Capítulo 4   ¿Mientras más cosas tenemos más felices
              somos? 19

Capítulo 5   Cambios que se producen por compromisos 24

Capítulo 6   Cuan necesario es que haya una mujer en el
              hogar 34

Capítulo 7   Renunciemos a vivir de las apariencias 40

Capítulo 8   Juntos contra todo ataque a nuestra vida
              familiar 48

Capítulo 9   Escuchando las amonestaciones de la vida 54

Capítulo 10   Dios nos da la victoria para nuestra familia 61

Conclusión 69

Libros publicados por el Ministerio Restaurando la Familia 70

DEDICATORIA

CON PROFUNDO AMOR, EN ESTA ETAPA EN LA QUE ME ENCUENTRO, DEDICO ESTE LIBRO SOBRE LA VIDA FAMILIAR A LOS MIEMBROS DE MI FAMILIA, QUIENES HAN SIDO LOS QUE ME HAN ENSEÑADO EN CARNE PROPIA EL VALOR QUE CADA UNO DE ELLOS TIENEN EN MI:

A Yajaira, mi esposa por más de 36 años, sin ella reconozco que estoy incompleto.

A Joan David nuestro hijo primogénito quien ha recibido de Dios dones que le facilitan mucho de lo que hace en la vida y quien tiene dones para aportar a la obra de Dios.

A Raquel nuestra única hija que con la visión y don de liderazgo que Dios le otorgado ha visto sus esfuerzos recompensados, y que hoy son de ayuda para muchos y confío que lo seguirá siendo.

A nuestros hijos agregados Darius y Gloria, yerno y nuera respectivamente, quienes son parte de nuestra vida y quienes han hecho un aporte importante para lo antes mencionado, estamos agradecidos a Dios por ellos.

Y a nuestro único nieto (por ahora, pues esperamos otros más) quien ha traído cambios a mi manera de ver la vida. Es primogénito hijo de sus padres, primogénito nieto de ambos abuelos, paterno y materno y primogénito sobrino. Bendecido de Jehová.

INTRODUCCIÓN

*H*ace solo días se produjo un hecho que llenó los titulares de los noticieros en todos los Estados Unidos de Norteamérica y en muchos otros lugares del mundo. Algunos de los titulares decían: "Una AVALANCHA HUMANA durante festival en Texas". Esa noticia nos sacude de nuevo debido a que el resultado de esa "avalancha humana" dejó como resultado 9 muertes de vidas humanas que fueron a buscar diversión, entretenimiento y se encontraron con que fue su último día de vida en esta tierra.

Padres, madres, hermanos y otros familiares de los fallecidos han sido entrevistados por los medios de comunicación sobre las últimas conversaciones que tuvieron con sus seres queridos que fallecieron en el concierto. Algunos de los presentes en el lugar dijeron que la multitud empezó a empujar con la intención de llegar a la parte delantera del escenario y debido a eso se produjo un pánico y luego hubo caídas en la que muchos resultaron heridos y otros perdieron la vida.

Astroworld es el nombre del festival de música, el rapero es llamado Travis Scott, y llevó a unas 50.000 personas a este evento, las entradas estaban agostadas y hoy en vez de hablar de un tiempo de disfrute y diversión, hoy solo se habla de luto y dolor por lo acontecido.

Ahora quiero mencionar que algunos de los asistentes dicen que mientras la gente caía, muchos otros daban empujones, otros golpes con los codos y puñetazos; muchos más entonces gritaban que pararan el concierto pues había gente desmayada en el piso y necesitando ayuda inmediata, y en medio de todo este caos los noticieros trasmitieron según relato de testigos presenciales que el rapero Scott decía: "¿Quien les pidió que se detengan? Ustedes saben a qué vinieron: síganme, vamos".

Como escritor, pastor y predicador del Evangelio de Jesucristo me interesé en saber más de este rapero y pude enterarme leyendo de noticias anteriores que él es conocido por sus salvajismo en sus conciertos y por haber tenido problemas en otras ocasiones incitando comportamientos que se hacen muy peligrosos. Este rapero dicen algunas noticias que es acusado de alterar el orden público, de animar a sus fanáticos a no hacer caso a los oficiales ni a la seguridad. Me enteré también leyendo algunas noticias que él vio a un fan colgado de un balcón en el segundo piso de una sala de conciertos y trató de convencerle para que saltara. Eso parece increíble pero así lo relatan los medios noticiosos que estuve leyendo.

Después de esta revisión que pude hacer sobre los precedentes de eventos que como este de Texas (también algo parecido en la ciudad de Cincinnati, Ohio) han dejado la tragedia de perdidas de vidas humanas y ver los problemas causados con anterioridad, me hago esta pregunta: ¿Qué es lo que falló? Tal ves pudiéramos pensar que fue el control de la capacidad del lugar, o posiblemente la preparación y la cantidad de personal de seguridad o posiblemente cualquier otro asunto de relevancia; pero la pregunta que viene a mi mente es: ¿y que de los padres y madres de esos jóvenes que desenfrenadamente acudieron a ese concierto? ¿Donde queda el cuidado y la influencia positiva de las familias de esa avalancha de jóvenes que sin el discernimiento del peligro y el riesgo fueron a ese lugar?

Eso nos debe hacer conscientes del cambio que estamos sufriendo en todos los niveles de la sociedad pero especialmente en la problemática de la vida familiar. Preguntémonos ¿Donde está la protección que el hogar debe ofrecer a sus integrante? Pienso que las responsabilidades de ser padres y madres de hijos (que en medio de estos comportamientos de los llamados "ídolos" y que logran atraer miles de fans), es mucho mayor que solamente producir las finanzas para las necesidades fisicas y económicas de ellos. La situacion que estamos viendo nos obliga a ser más pro activos con los seres que amamos, que viven con nosotros y llevan nuestra misma sangre. La Biblia dice que los hijos son herencia de Dios y las herencias son para cuidarlas.

Que vamos a hacer cuando ya esta noticia pase a la historia en solo unos días? Nos dejaremos anestesiar con las nuevas noticias que vendrán? Y escribo esto como padre, ministro cristiano, escritor y como abuelo en una generación que necesita que nuestras casas sean la mejor escuela para los nuestros.

Y quiero concluir esta introducción de este mi sexto libro, llevándole a que piense conmigo, ¿porqué nos envolvemos en la indiferencia cuando hechos como los de Astroworld suceden? La razón por la que percibo que hay poco interés es debido a que el sistema está creado para eso, pues al terminar una información como la que estamos mencionando inmediatamente aparece un comercial donde nos invitan a tomarnos unas vacaciones en un lugar del mundo donde usted se merece estar, pues para eso se ha esforzado mucho y entonces nos invitan a llamar o entrar al link del resort o crucero y suavemente nos saca de la realidad, solo para adormecernos en los placeres temporales; hasta que volvemos a ser testigos de otra tragedia, una explosión causada por muchachos con problemas de conducta o algún joven que toma un rifle de asalto y entra a una escuela y mata a 30 o más niños y de nuevo somos sacudidos para salir de la comodidad y pensar en la realidad.

Debido a eso es que tomo este tiempo para escribir, es por el deseo de que este libro le de un aporte adicional para hacer un cambio de intención, pues de no hacerlo seguiremos bajo el mismo esquema que ya he mencionado: Una tragedia y Buumm! Nos despertamos y luego una promoción y nuevamente nos adormecemos, y de nuevo nos vamos a pasar horas viendo series de películas hasta... si, hasta que ...

Si, si, hasta ... si, hasta que nos toca a nosotros... hasta que toca a uno de los nuestros, cuando ahora el dolor se produce en nuestras vidas por un ser querido al que le ha sucedido algo, y allí si vemos que la crisis es real.

No tengo dudas que si el tiempo y esfuerzo de escribir este nuevo libro le permite a usted como madre o padre obtener ayuda para cambiar la pasividad en acciones y la indiferencia en atención sobre los suyos, entonces habré hecho un aporte a la Iglesia de Jesucristo y a nuestra sociedad.

Ahora estoy consciente que mi buen deseo no es suficiente, ni es seguridad de éxito a su familia. Las verdades que voy a compartir en los siguientes capítulos no van a producir un acontecimiento mágico, ni los problemas van a desaparecer de una sola vez, pero si usted toma estas verdades de las Sagradas Escrituras y las lleva a la acción, de seguro será testigo de la fidelidad de Dios. Dios es fiel y su misericordia es para siempre!

Tome este momento para cerrar el libro y orar después leer esta promesa del Dios de la Biblia, el Creador de los cielos y de la tierra, Dios el Dador de la vida. En el libro de los Salmos, en el capitulo 127 de la Nueva Biblia Latinoamericana, en los versos 1 al 5 dice:

Si el SEÑOR no edifica la casa, En vano trabajan los que la edifican; Si el SEÑOR no guarda la ciudad, En vano vela la guardia.

2Es en vano que se levanten de madrugada, Que se acuesten tarde, Que coman el pan de afanosa labor, Pues Él da a Su amado aún mientras duerme.

3Un don del SEÑOR son los hijos, Y recompensa es el fruto del vientre.

4Como flechas en la mano del guerrero, Así son los hijos tenidos en la juventud.

5Bienaventurado el hombre que de ellos tiene llena su aljaba; No será avergonzado Cuando hable con sus enemigos en la puerta. (NBL)

Ahora después de leer estos versículos de la Palabra de Dios entonces quiero invitarle a orar, hágalo con sus propias palabras, pidiendo a Dios su sabiduría, pidiéndole a Dios su ayuda y discernimiento para su labor como parte de una familia que necesita dar su contribución en medio de lo complejo que se ha hecho vivir en un mundo sin valores familiares. ¡Créale a DIOS!

CAPÍTULO UNO

¿Qué vamos a hacer con nuestra familia?

$\mathcal{E}$sa pregunta debe ser respondida por usted de una manera consciente y que le permita elaborar un plan de acción para derribar todos los obstáculos que se levantan en contra de nuestro enfoque hacia la familia. De nuevo nos preguntamos: ¿Que vamos a hacer? Lo primero que le propongo es hacer una revisión del grado de interés que tiene por los integrantes de su familia. Cuando nuestro Señor Jesucristo estaba en su ministerio terrenal, La Biblia nos enseña que él nos dio una medida para profundizar el grado de importancia que tienen las personas o las cosas para nosotros. Le invito a que leamos esas palabras de Jesús que están registradas en el evangelio según San Mateo capítulo seis y los versículos diecinueve al veintiuno:

"No os hagáis tesoros en la tierra, donde la polilla y el orín corrompen, y donde ladrones minan y hurtan; sino haceos tesoros en el cielo, donde ni la polilla ni el orín corrompen, y donde ladrones no minan ni hurtan. Porque donde esté vuestro tesoro, allí estará también vuestro corazón."

S. Mateo 6:19-21 RVR1960

Al hacer un contraste entre lo terrenal y lo celestial, nos obliga a hacer una comparación entre los tesoros de la tierra (que pueden ser robados o dañados por el oxido o las plagas) y los del cielo que son eternos. Y luego la declaración firme que nos revela el negativo de la fotografía de nuestro ser interior, de nuestro yo interno, allí donde no llega el bisturí, ni hace efecto las píldoras del farmacéutico. Jesucristo dice: "...donde esté vuestro tesoro allí estará también nuestro corazón."

Para Jesús nuestro corazón (nuestros sentimientos, emociones y grado de interés) va a estar en donde esté nuestro tesoro (lo que consideramos valioso e importante). Pocas veces entendemos la influencia que tiene nuestro interés por las personas que amamos. Es una contradicción decir que amamos a alguien o algo, que nos interesa y son importantes pero nuestros hechos no lo demuestran. CUANDO ALGO SE AMA O CUANDO ALGO IMPORTA SE DEMUESTRA CON ACCIONES.

Hace un poco tiempo atrás supe de una entrevista que se le hizo a una actriz de Hollywood cubana americana llamada Eva Mendez. Después de casi veinte años en el mundo del cine y con excelentes propuestas para el mundo de las celebridades, esta actriz quien está unida con el también conocido actor de Hollywood Ryan Gosling, decidió renunciar a su carrera. ¿Que pasó en tu vida para tomar esa decisión? Ella dijo: -llegaron mis hijas y con ellas también llegó un cambio de prioridades. Eva Mendez dijo: "Siendo honesta, sentí una falta de ambición. Ahora mismo siento más ambición en mi casa que en el trabajo". De manera que la famosa actriz Eva Mendez decidió cambiar la alfombra roja por su familia.

Si eso fuera poco quiero agregar que Ryan, su pareja declaró que si ella no hubiera tomado el control de la vida familiar, él no estuviera donde está.

Si tal vez le causa a usted curiosidad el porque menciono esta información del mundo del espectáculo mundano, le respondo diciéndole que allí veo la demostración de las palabras de Jesús "... donde esté tu tesoro allí estará su corazón". Ella (la actriz) decide dejar la codiciada alfombra roja del mundo del espectáculo, de las cámaras, las luces, los selfies, dejarlo todo por su familia. Es decir, su tesoro no estaba fuera de la casa, sino dentro de ella y por su puesto allí dentro de su casa estaba su corazón. Para muchos esto puede servirle de ayuda antes de que sea demasiado tarde; no permita que lo de afuera de su casa le robe su tiempo, le robe su energía y sus intereses a lo que están dentro de su casa, quienes serán los que estarán acompañándonos en la larga jornada de la vida. Es mi anhelo que podamos ver nuestra familia como un tesoro para que nuestro corazón no esté en las redes sociales, en las series de películas, ni en los videos sin sentido, que lo que hacen es robarnos lo más valioso, que es pasar nuestro tiempo con los nuestros, pasarlo con nuestra familia. Dios ha dejado en su palabra instrucciones claras para los hombres, mujeres, esposos, esposas, padres, madres, hijos e hijas con el diseño especifico para nuestra vida, matrimonio y familia.

¿Que vamos a hacer con nuestra familia? Piense sobre los impedimentos que pudieran tratar de detener su determinación y ahora mismo escríbalos en un lugar y haga un plan de acción para derribarlos. Posiblemente el tiempo en las redes sociales. Pudiera ser el anhelo por tener un puesto de mayor altura en el organigrama de la compañía para la cual trabaja. Posiblemente amistades con las que comparte muy frecuentemente y que no añaden ningún beneficio a su vida y a su familia. Considere el tiempo de las series de películas que nos lleva a estar despiertos hasta la madrugada para luego irnos a dormir saturados con imágenes e ideas que nos pueden llevar a tomar decisiones incorrectas. Actúe sobre eso!

Ahora evalúe cómo está su matrimonio. Piense como ha sido la atmósfera en las ultimas 2 semanas. ¿Cree que su modelo de vida matrimonial con su cónyuge está siendo una buena escuela para el futuro de sus hijos? Haga un plan para mejorar su relación matrimonial. Hágalo hoy!

¿Que vamos a hacer con nuestra familia? Si esta viendo que se está produciendo una distancia emocional entre ustedes como padres y sus hijos, entonces antes de que la distancia sea geográfica decida hacer un plan con la intención de producir acercamiento. Haga pregunta a sus hijos acerca de que quieren ellos para el futuro. Decidan hablar como padres con sus hijos acerca de cosas que pudieran pasar y pregúnteles como ellos actuarían si eso sucediera. Por ejemplo si alguien muy cercano a ti y con una buena amistad te sorprende un día ofreciéndote drogas, que harías? Como manejarían tu vida sexual en caso de tener la oportunidad de tener sexo aún sin casarse. Háblele como padres del poder del dinero, pregúnteles si ellos harían algo indebido o ilegal si alguien les ofrece una cantidad de dinero tentadora. Escúchelos y de allí tendrá la oportunidad de saber que hacer con su familia. Y lo bueno es que es con la suya, no con la de la familia de otros. Hoy es el primer día del resto de sus días. Salomón escribió en el libro de Eclesiastés capitulo tres y dijo:

"Todo tiene su tiempo, y todo lo que se quiere debajo del cielo tiene su hora. Tiempo de nacer, y tiempo de morir; tiempo de plantar, y tiempo de arrancar lo plantado; tiempo de matar, y tiempo de curar; tiempo de destruir, y tiempo de edificar; tiempo de llorar, y tiempo de reír; tiempo de endechar, y tiempo de bailar; tiempo de esparcir piedras, y tiempo de juntar piedras; tiempo de abrazar, y tiempo de abstenerse de abrazar; tiempo de buscar, y tiempo de perder; tiempo de guardar, y tiempo de desechar; tiempo de romper, y tiempo de coser; tiempo de callar, y tiempo de hablar; tiempo de amar, y tiempo de aborrecer; tiempo de guerra, y tiempo de paz."
Eclesiastés 3:1-8 RVR1960

Le pregunto: ¿En qué tiempo está su familia?

Si este momento a través de esta lectura le motiva a actuar, entonces actúe ya! Llame a su cónyuge y dígale cuanto lo ama y cuanto le agradece por estar a su lado en esta jornada. Acérquese a su hijo o hija y déjele saber que quiere recordarle lo agradecida que está con Dios por la vida de él o de ella. Y confié en Dios quien es el diseñador de la familia, que su bendición va ser real sobre su casa, su hogar y sus hijos se lo van a agradecer.
Seguimos adelante pues vamos por más.

Repita esta corta pero sincera oración:

Padre celestial, te alabo por que eres bueno, y por que estoy convencido que me amas como hijo. Quiero pedirte que este plan de acción que ahora tengo en mi corazón tu me ayudes a ponerlo en práctica. Te pido perdón por mi apatía hacia mis seres queridos. Padre, como tu hijo te pido que pueda ver tu fidelidad sobre los miembros de mi familia, todo esto te lo pido en el nombre de Jesucristo, AMÉN.

Ahora ya sabemos que vamos a hacer con nuestra familia con la ayuda del Señor, nuestro Padre celestial.

CAPÍTULO DOS

Asesorados por el diseñador

*H*ace unas semanas terminó la serie mundial de béisbol, la MLB. Después de una larga temporada donde equipos como los Gigantes de San Francisco, Los Rays de Tampa y Dodger de Los Angeles tuvieron una gran temporada manteniéndose como lideres de las divisiones en la que participaron, les sucedió lo opuesto en la post temporada y es que estos equipos que llegaron a ganar la mayor cantidad de juegos en la temporada regular fueron eliminados sin ni siquiera poder alguno de ellos llegar a la serie mundial. Y hubo quienes se preguntaron ¿que había pasado si eran los mejores durante 6 meses, ¿porque ahora en solo semanas ya estaban eliminados? La respuesta es que la reglas del juego del beisbol indican que al entrar a la post temporada, todo lo que se logró en esos meses ya no sirve para lo que resta. Así que las reglas establecen que los ocho mejores clasifican y se enfrentan desde cero en series de 5 juegos buscando al equipo que llegue primero a ganar 3 y a series de 7 juegos buscando al primero que gane 4. Y así con solo perder 3 juegos de la post temporada se perdió todo el esfuerzo que se hizo en esa larga jornada. Algo cruel, ¿no le parece? Todo el esfuerzo hecho ahora no sirve de nada. Y así un equipo como los Bravos de Atlanta sin una temporada regular sobresaliente se coronaron como campeones de la serie mundial de béisbol de las grandes ligas del año 2021.

LA VIDA FAMILIAR TIENE SUS REGLAS
DADAS POR SU CREADOR.

Todos estamos en conocimiento de algun matrimonio o de alguna familia que durante un buen tiempo fueron vista como ejemplares. Matrimonios solidos y bien establecidos, con hijos sujetos a sus padres y con buenas calificaciones en el colegio y de manera sorpresiva todo se destruye como castillo de arena en la orilla de la playa cuando es bañado por las olas. Partiendo de una combinación de vida familiar bíblica y las reglas del béisbol que antes escribí, quiero hacer saber que una gran mayoría de esos casos de perdidas y eliminación de hogares es debido a no conocer las reglas. En el béisbol si usted no sabe las reglas usted no puede participar. En la vida familiar si usted no conoce las reglas del diseñador Dios, usted va a hacer daño al resto del equipo que son los que viven con usted.

En el libro de los proverbios el sabio Salomón escribe en el capítulo veinticuatro y en los versiculos tres y cuatro, unas instrucciones para la vida familiar. Así que vamos a consultar a Dios, quien es el diseñador de los planos familiares. Leamos juntos:

"Con sabiduría se edificará la casa, Y con prudencia se afirmará; Y con ciencia se llenarán las cámaras de todo bien preciado y agradable."

Proverbios 24:3-4 RVR1960

Soy un frecuente predicador de las verdades bíblicas en diferentes congregaciones cristianas y este pasaje bíblico del libro de Proverbios ha sido para mí uno de los textos que he usado en muchas predicaciones de sermones textual temático aplicado a la familia.

Lo que aquí Dios nos dice con relación a la vida del hogar es una orientación que nos va a servir para no desviarnos del diseño original.

Veamos la primera indicación que se nos menciona. Con sabiduría se edifica la casa. De manera que si le preguntamos a Dios quien es el diseñador de los planos familiares con qué se edifica la casa, tenemos la respuesta inmediata en el texto, con sabiduría. Ahora es bueno que veamos el verbo EDIFICAR, búsquelo en su Biblia y subráyelo para que no lo pierda de vista. Entonces al ver que para edificar el hogar, que es un sinónimo de levantar, fortalecer, necesitamos de la sabiduría. De manera que se requiere de algo que Dios mismo nos ofrece, SABIDURÍA PARA EDIFICAR. Es la primera instrucción que leemos, que no podemos edificar, construir nuestra familia sin sabiduría. Es bueno que lo entendamos de una vez por todas, nadie sabe más de familia que Dios. Él es que la instituyó y él es quien está más interesado en que tenga buenos resultados. Así que Dios mismo quien es el que nos dice que no podremos edificar sin sabiduría entonces nos dice como obtenerla, como alcanzarla. En la carta del Apostol Santiago en el capítulo uno y en el versículo 5 nos dice:

"Y si alguno de vosotros tiene falta de sabiduría, pídala a Dios, el cual da a todos abundantemente y sin reproche, y le será dada."
Santiago 1:5 RVR1960

Dios nos dice que si entendemos que necesitamos sabiduría, entonces nos dice que se la pidamos a él, y nos da una promesa, que si se la pedimos nos la da en abundancia.

Debemos tener tiempo de oración pidiendo a Dios sabiduría. Pedir en oración sabiduría es parte de mi tiempo con Dios. Todos la necesitamos en medio de los cambios que tenemos en la generación actual y en los modelos familiares que van en contra del diseño del creador de la familia. Decida agregar sabiduría a sus peticiones delante de Dios, no lo desestime, el sabio Salomón nos está dando la directriz, "con sabiduría se edificará la casa", así que no perdamos tiempo y aprovechemos la propuesta de nuestro Dios, creador y dador de la vida ofreciéndonos que si nos falta esa sabiduría entonces se la pidamos a él. Que bueno es Dios!

PODEMOS EDIFICAR CORRECTAMENTE NUESTRO HOGAR

No tengo dudas que cuando nos falta la sabiduría de Dios en el área de edificación familiar pagamos un precio elevado.

Ahora he podido ver en la atención que hago en mi oficina a matrimonios y familias que están teniendo dificultades en sus relaciones que hay algunos factores específicos que producen dificultades e impiden la armonía en el hogar. Por razones de espacio y buscando ser lo más practico posible voy a tomar un área donde la falta de sabiduría hace más daño, y es la falta de sabiduría en nuestra manera de hablar, la manera en que expresamos lo que sentimos, el tono de voz y las palabras juegan un papel vital en las buenas o malas relaciones dentro de los integrantes de una familia. LO QUE DECIMOS Y EL TONO DE VOZ CON QUE LO DECIMOS DEMUESTRA LA SABIDURÍA QUE TENEMOS PARA EDIFICAR RELACIONES FAMILIARES.

Veamos esto con apoyo de las Sagradas Escrituras para que no sea visto como una norma personal de mi experiencia familiar. Quiero que leamos dentro de las instrucciones que el Apostol San Pablo le escribe a las iglesias en Efeso y Colosas. En ambas hay referencia directa a la importancia de nuestra manera de hablar, allí encontramos verdades sobre la sabiduría que debemos tener al hablar para edificar nuestra vida de hogar. Leámoslo:

"Ninguna palabra corrompida salga de vuestra boca, sino la que sea buena para la necesaria edificación, a fin de dar gracia a los oyentes."
Efesios 4:29 RVR1960

Dios que nos conoce mejor que nosotros mismos nos indica que no podemos hacerlo a nuestra manera, que no es como lo aprendimos en la casa de solteros, que no es correcto justificarnos diciéndoles a los que nos rodean que así somos, que así crecimos y así lo voy a seguir haciendo.

Si tiene pretensiones de seguir haciéndolo a su manera, separado de la sabiduría de Dios los resultados serán ineficaces y además internamente sentirá una frustración que le perseguirá incesantemente estando solo o acompañado. Dios nos ofrece ayuda y nos puede entregar si se lo pedimos las habilidades y destrezas para hablar con sabiduría "a fin de dar gracia a los oyentes". Eso nos deja claro que necesitamos al Señor para que se produzca un cambio interno que se va a ver reflejado en lo externo cuando las palabras ya no serán ofensivas e hirientes hacia lo que amamos. ¿Que le parece esa propuesta de Dios en su palabra? Es Dios quien nos dice sé sabio al hablar y más en los momentos en que las cosas no salen como las queremos. Recuerde Dios es más sabio que todos nosotros.

Aunque creo que el pasaje de la carta a los Efesios que leímos anteriormente, es suficiente para convencernos que la sabiduría en nuestra manera de hablar es imprescindible para edificar en armonía nuestra familia, le agrego un pasaje adicional de la carta a los Colosences capítulo cuatro versículo seis:

"Sea vuestra palabra siempre con gracia, sazonada con sal, para que sepáis cómo debéis responder a cada uno."
Colosenses 4:6 RVR1960

Este principio bíblico de la sabiduría al hablar en este pasaje de Colosences nos lo ilustra términos sencillos, que su palabra sea siempre con gracia, y lea esto, sazonada con sal.

Escuché o leí en algún lugar sobre un matrimonio que no lograban ponerse de acuerdo entre ellos en relación a la compra de un televisor, los argumentos entre ambos eran opuestos, el esposo quería comprar el más grande y costoso, entonces él tratando de convencerla le habló sobre la pantalla, la calidad de imagen, las conexiones inalámbricas y muchas funciones más y al terminar toda su excelente exposición, esperaba con seguridad que era suficiente para no tener más dudas que esa era la mejor compra; su esposa entonces le responde que no ve necesario gastar tanto dinero cuando pueden comprar uno más económico. Sorprendido el esposo de esa respuesta de su esposa, pues ya le había explicado bien, con un tono de molestia le dijo: -"De verdad que no entiendo como Dios te creó tan bella y tan estúpida a la misma vez". Ella se lo quedó mirando a los ojos sorprendida, pues no esperaba de su esposo esas palabras tan hirientes, y sin pensarlo dos veces le respondió: -"Dios me creó bella para que tú te fijaras en mí, pero también me creó estúpida para que yo me fijara en ti" Allí está un ejemplo de lo que Dios en las Sagradas Escrituras nos enseña que debemos evitar, las palabras que hieren, marcan y además nos distancian emocionalmente.

Entonces hoy mismo decida a no caer en el error de decir lo primero que nos viene a la mente, ahora vamos a sazonar las palabras para tener mejor sabor en nuestras relaciones de familia. Que nuestro hogar sea una excepción en esta sociedad de amargura, ofensas y dolor! Alabado sea el Señor nuestro Dios.!

Si fracasamos en los primeros intentos no nos vamos a rendir, seguiremos y seguiremos pidiéndole a Dios su sabiduría, su capacidad de dominio para que las palabras en nuestra casa sean para la edificación. El solo reconocerlo es un paso gigantesco para la recuperación. Hablar con sabiduría.

Es parte de las reglas del juego y las vamos a obedecer.

Continuaremos en los siguientes capítulos con la Prudencia para afirmar y ciencia para llenar. Proverbios 24:3-4.

CAPÍTULO TRES

Prudencia, fortalece los cimientos de la familia

A mediados de este año 2021 y en medio de noticias de cifras de muerte por pandemia fuimos de nuevo sacudidos por una nueva noticia. Sucedió en Miami, al sur del Estado de la Florida en los Estados Unidos de Norteamérica. Surfside, un edificio de departamentos se derrumbó cobrando la vida de casi 100 personas que durante la madrugada en que se produjo el colapso de la estructura dormían sin imaginar que no despertarían jamas en esta tierra. Algo para pensar!!!

Al leer sobre las hipótesis de profesionales, arquitectos e ingenieros que se han dado a la tarea de explicar las posibles causas de este desastroso y doloroso derrumbe, muchos coinciden que ese fallo se debió porque no tenia vigas entre los pisos que le permitiera soportar el peso. Aunque hay muchas investigaciones sobre cualquier otra causa que pudiera haber causado el colapso de esa estructura, hay algo que no queda la menor duda y es que los defectos y errores que pudo haber en la edificación, ahora son revisados y analizados para evitar que vuelva a suceder en nuevas edificaciones. Así que buscar las fallas que produjeron el derrumbe es el asunto de mayor interés para que no se repitan hechos como este del edificio en Surfside en Miami, estado de Florida USA. El interés mayor es ser preventivos, ahora hay interés en ver los planos del edificio derribado, evaluarlos, para que en próximas construcciones poder afirmar y darle solidez a las estructuras.

PRUDENCIA PARA AFIRMAR LO EDIFICADO CON LA SABIDURÍA

Y quise recordarles sobre las noticias de Surfside en Miami para llevarles a mirar lo que Dios a través del monarca Salomón nos está instruyendo para el éxito de la armonía familiar. Después que nos escribe sobre la sabiduría para edificar, agrega que debemos tener PRUDENCIA para AFIRMAR. Entonces los planos nos dicen que con la sabiduría se edifica pero con la prudencia se afirma. Comparando el colapso en Miami, Florida con la edificación familiar, debemos apreciar el gran significado que tiene el verbo afirmar, que no es otra cosa que darle fuerza a las columnas que nos han servido para la edificación, fortalecer las vigas que sostienen el peso de lo que nos ha costado tiempo y esfuerzo levantar. Afirmar con la prudencia con el firme propósito de que no se vaya a derribar lo que hemos levantado con la sabiduría.

LA FALTA DE PRUDENCIA PUEDE TIRAR ABAJO LO QUE SE HA LEVANTADO

Pensando en que ya he podido explicar bien la necesidad de la prudencia como ingrediente de soporte, ahora quiero que podamos definirla, tener más luz sobre su significado.

Hice busquedas de las diferentes definiciones y encontré que la mayorías coinciden que prudencia es una cualidad que consiste en actuar con cuidado, actuar con cautela, tener prevención para evitar dificultades y daños.

La palabra original usada en la biblia define PRUDENCIA como DISCERNIMIENTO y PRECAUCIÓN.

Una enciclopedia escribe informando que antiguamente los egipcios solían representar la PRUDENCIA como una serpiente con tres cabezas, una de león, una de lobo y otra de perro. Diciendo con esta imagen que un individuo era prudente cuando tenía la astucia de la serpiente, el vigor y la fuerza del león, la rapidez del lobo y la paciencia de los perros.

Esto no es nada nuevo pero debemos seguir reconociendo que la falta de prudencia ha producido y aún continúa produciendo daños a matrimonios, familias, corporaciones e instituciones de todo tipo. Si usted es una mujer casada, debe establecer una barrera de protección llamada prudencia en su manera de conducirse ante las miradas, atenciones, palabras de elogio y cumplidos que puede escuchar de otro hombre que no es su esposo. El momento de empezar es ahora mismo mientras lee este capítulo, no juegue a la mujer ingenua que no sabe lo que está pasando y lo que pudiera pasar en el futuro si usted no toma en serio lo que Dios le está advirtiendo con su palabra, no juegue con la tentación, no se ponga a coquetear con el compañero de trabajo que le dice cosas que a veces no la escucha de su esposo, no acepte invitaciones a salir a comer juntos como compañeros de trabajos a solas pues las necesidades emocionales harán que se produzcan en usted comparaciones y luego confusiones en sus sentimientos que por último le van a traer un colapso de derrumbe en lo que sus hijos no van a salir ilesos. Hoy mismo decida cerrar su oídos a los halagos que despiertan en usted ilusiones no cumplidas, cierre las paginas de redes sociales que saben que le llevará al derrumbe de su estabilidad matrimonial y por la falta de PRUDENCIA suya tendrán que pagar los que no tienen ninguna culpa por las deficiencias de la edificación a las que ellos han tenido que vivir.

Hoy pudiera mencionar nombres y casos de personas que estando en mi oficina en tiempo de consejeria me han demostrado que por la falta de prudencia han tenido perdidas físicas, emocionales y espirituales y con hijos que andan ahora por la vida con amargura, resentimientos que les lleva a ser inestables en sus decisiones. Como mujer casada vaya y siéntese con su esposo, con ese hombre al que usted aceptó para ser su compañero para una jornada de por vida y expréseles sus sentimientos, su necesidad de atención de parte de él hacia usted, dígale que a usted le importa su matrimonio y el futuro de su hogar y debido a ese interés por los suyos quiere que recuperen lo que se ha perdido en el camino, para entonces continuar con el proyecto inicial de "estar juntos hasta que la muerte los separe".

¿HOMBRES QUE VAMOS A HACER CON NUESTRAS PASIONES SEXUALES?

Para que un matrimonio y una familia pueda sobrevivir al ataque que hoy tenemos cada hombre como esposo y padre debe tomar la decisión definitiva, con anticipación a los hechos, a ser un hombre que se conduce con prudencia. Recordemos que la definición que hicimos de la PRUDENCIA. Es andar con cuidado, tener cautela y especialmente poseer discernimiento para ver los planes de nuestro enemigo espiritual quien anda maquinando para destruir su familia, dañar su matrimonio y robarse a sus hijos. Así que como hombre no podemos andar sin vayas de protección, si de verdad le importa su hogar. Cuando algo importa se demuestra con acciones, la buena intención no es suficiente si no establece la determinación de ser un hombre, esposo y padre que se conduce de manera cuidadosa.

LO QUE MIRAMOS PUEDE LLEVARNOS A DECISIONES DESASTROSAS.

Escribo con gran preocupación, y estoy seguro de que usted como lector lo nota. En los últimos años he podido ver muchos hogares destruirse, he atendido a muchos matrimonios con dolor y con gran decepción con su cónyuge. Y debido a toda esa realidad que no podemos esconder, es que estamos obligados a ser más responsables con nuestro llamado ministerial, para ser instrumentos en la manos del Señor y ayudar en la situación de crisis familiar que vivimos.

Me dispongo llevarle a las Sagradas Escrituras y poder extraer de este este libro sagrado verdades de la vida real que les pueda ayudar con relación a lo que estamos considerando. Quiero que lea conmigo un pasaje bíblico del Antiguo Testamento, en segunda de Samuel, en el capítulo once de los versículos uno al cinco nos encontramos con un caso bien apropiado para nuestro capítulo. Leámoslo:

"Aconteció al año siguiente, en el tiempo que salen los reyes a la guerra, que David envió a Joab, y con él a sus siervos y a todo Israel, y destruyeron a los amonitas, y sitiaron a Rabá; pero David se quedó en Jerusalén. Y sucedió un día, al caer la tarde, que se levantó David de su lecho y se paseaba sobre el terrado de la casa real; y vio desde el terrado a una mujer que se estaba bañando, la cual era muy hermosa. Envió David a preguntar por aquella mujer, y le dijeron: Aquella es Betsabé hija de Eliam, mujer de Urías heteo. Y envió David mensajeros, y la tomó; y vino a él, y él durmió con ella. Luego ella se purificó de su inmundicia, y se volvió a su casa. Y concibió la mujer, y envió a hacerlo saber a David, diciendo: Estoy encinta."

2 Samuel 11:1-5 RVR1960

Consejos fáciles sobre asuntos difíciles.

Después de leer estos versículos que son bastantes conocidos por ser una historia bíblica con muchas implicaciones para la vida, le pido que lo pueda leer de nuevo separando lo que ya aprendido y escuchado sobre este pasaje. Quiero que lo vea sin impedimentos de enseñanzas previas, para que lo sencillo que voy a mencionar les sea fácil de aplicar, pues de no hacerlo posiblemente le traiga asuntos difíciles para resolver.

Lo primero que voy a mencionar es que el protagonista es el Rey David que según el pasaje era un tiempo que salían los reyes a la guerra "pero David se quedó en Jerusalem" Mi primer consejo es que no deje en las manos de otros lo que es exclusivamente su responsabilidad y sobre asuntos que solo usted tendrá que responder. Así que su responsabilidad como líder de hogar no puede ser evadida sin sufrir consecuencias. El segundo consejo que quiero que subraye es que debemos cuidar lo que estamos viendo. El Rey David, el hombre conforme al corazón de Dios, el compositor de Israel, el que se enfrentó al guerrero Goliat y lo derrotó lo encontramos en un tiempo de ocio paseándose por el terrado y de momento desde el lugar alto en que se encontraba "vio desde el terrado una mujer que se estaba bañando la cual era muy hermosa". ¿Que fue lo que David vio? Vio a una mujer hermosa, ahora preguntémonos ¿que fue lo que no vio? No vio que era el Rey de Israel, que tenia responsabilidades sobre su familia y el pueblo, no vio que era una ofensa a Dios quien era quién lo había puesto en esa posición. El rey David no vio nada de eso ni las consecuencias que le podia traer al quedarse mirando la hermosura de esa mujer que lo llevó a tomar malas decisiones. Es por eso que debemos cuidarnos de los estímulos sexuales que se producen en nosotros los hombres a través de la pornografia. Como hombres fuimos creados por Dios con una exitación sexual a través de imágenes. Hay que cuidar lo que miramos si no queremos pagar lo que no debemos. Mi tercer consejo lo saco del pasaje al leer que "envió David a preguntar por aquella mujer", NO se acerque a lo prohibido; pregúntese ¿porque manda a preguntar por esa mujer? La respuesta es obvia, se detuvo a mirarla detalladamente, vio un cuerpo hermoso, tal ves una piel provocativa, unos pechos bien formados y ... la pasión sexual se encendió y la capacidad de razonar se apagó y ahora toda decisión va a estar condicionada por el placer, y cuando es el placer lo único que cuenta no importa cuanto impedimentos puedan haber, la sensación de placer lo opaca todo. Mi cuarto consejo es, piense en lo que le va a traer consecuencias, no ponga en riesgo su estabilidad y la de los suyos al punto de no importarle cuantos consejos y advertencias reciba, siempre el pecado sexual le va a dominar. Si piensa que exagero quiero que escuche la respuesta que recibió el Rey David al mandar a preguntar por aquella mujer. "le dijeron: Aquella es Betsabé hija de Eliam, mujer de Urías heteo." En un momento como este pienso que David al escuchar esa respuesta tenía suficientes razones para detener su lujuria y arrepentirse de su pecado; escuchar que era la hija de Eliam, uno de sus hombres honorables, consejeros y del grupo de sus valientes era suficiente para apagar esa sed de placer sexual hacia su hija. Si eso no era suficiente también le dijeron que era la esposa de Urias Heteo uno de los que estaban en la guerra peleando por su reinado.

Pero, ... sí, pero, cuando vemos lo que no debemos la carne se levanta reclamando lo suyo y no importa lo que se nos diga (hija de ... esposa de...) la pasión sexual es la que gobierna. La historia nos dice que la tomó y durmió con ella, saciando su pasión mientras su esposo Urias defendía su reinado. Luego nos dice que la embarazó y ya David en su descenso nos muestra que por no cuidar lo que se mira ahora viene en caída libre, un desliz visual, un deseo sexual, un pecado de adulterio y le sigue la vergüenza de ocultar su pecado, haciendo que Urias venga de la guerra de regreso a su casa para que duerma con su mujer y asi tapar el embarazo y al seguir leyendo la historia, nos sumergimos en lo más bajo instintos de David. Las consecuencias para David fueron una detrás de la otra, y todas las consecuencias apuntando hacia su familia.

Ahora no solo es la historia bíblica de David de la que podemos aprender, yo lo he visto repetirse y repetirse en muchos otros hombres que por no levantar muros de prudencia hoy lo han perdido todo. ASI QUE UN MOMENTO DE PLACER LE VA A COSTAR TIEMPOS DE DOLOR.

QUIERO CONCLUIR CON ESTOS 4 PUNTOS FÁCILES SOBRE ASUNTOS DIFÍCILES:

1. NO DEJE SU RESPONSABILIDAD EN MANOS DE OTROS.
2. CUIDE LO QUE MIRA. LA PORNOGRAFIA ES ADICTIVA.
3. NO SE ACERQUE A LO PROHIBIDO.
4. MIRE POR ANTICIPADO LAS CONSECUENCIAS.

CAPÍTULO CUATRO

¿Mientras más cosas tenemos más felices somos?

Sucedió de manera casual, era un día Domingo después de terminar de predicar y finalizado el servicio en la parte de afuera me esperaba un hermano con quien he compartido durante años y quien ha tenido una labor de predicar el evangelio a sus allegados, entre ellos a deportistas que se han destacado y que han recibido contratos millonarios debido a su talentos y habilidades. Ese Domingo estaba acompañado de una figura deportiva destacada, muy conocido por sus logros y también por las propuestas económicas que recibe. Me saludó el hermano y me presentó como pastor a su acompañante deportista y de inmediato me hizo saber la necesidad que ese destacado jugador tenía en su vida y en la de su matrimonio. Después de escuchar la situación, que era preocupante, le manifesté que debido a su falta de orden de prioridades en el área de su vida personal y al no cultivar su mundo interior, no iba a ser fácil recuperar lo que estaba perdiendo. Entonces me preguntó a que me refería al hablar del mundo interior y rápidamente le dejé saber que nuestra vida no solo consiste en atender lo externo, la buena ropa, un buen carro, una bella y espaciosa casa y todo aquello que supuestamente nos va a hacer feliz; pues el mundo interno de las emociones, de los sentimientos y las necesidades espirituales nos van a llevar a insatisfacciones, y esas insatisfacciones llevan a tomar las decisiones que él había tomado y que ahora no sabía que hacer para poder salir de donde se encontraba.

Las lagrimas humedecieron sus ojos y mirándome con una profunda tristeza me puso sus manos sobre mis hombros y luego me dio con la palma de su mano derecha dos veces sobre mi hombro y me dijo: -"pastor, al escucharlo me doy cuenta que en este momento yo daría todo el dinero que tengo por la sabiduría y la paz que veo que usted tiene". Y ese Domingo volví a comprobar algo de lo que soy consiente por muchos años y es que hay personas que no tienen una relación personal con Jesucristo y que pagarían lo que sea por lo que nosotros tenemos y nosotros los cristianos que lo tenemos, no lo valoramos.

Creo que por la problemática actual en la que se encuentran muchas personas se espera de nosotros los cristianos actitudes y resultados que le demuestren al mundo sin Dios, que vivir para Dios hace una gran diferencia.

EL SER HUMANO SIN DIOS ESTÁ INCOMPLETO TENGA LO QUE TENGA.

Volvamos a leer las palabras escritas por el sabio Rey Salomon en el libro de los proverbios:

"Con sabiduría se edificará la casa, Y con prudencia se afirmará; Y con ciencia se llenarán las cámaras De todo bien preciado y agradable."
Proverbios 24:3-4 RVR1960

Ya hemos revisado lo dos primeros ingredientes para la armonía familiar, la sabiduría para edificar y la prudencia para afirmar. Veamos con atención el verso cuatro "y con ciencia..." se refiere al conocimiento, al querer aprender para hacer algo con lo aprendido. Es el deseo de escuchar con atención para abrazar la verdad y poder entonces recibir sus resultados. ¿Cuales resultados? Leamos lo que dice el texto "se llenarán las cámaras de todo bien preciado y agradable". Me gusta, me anima a tomarme un tiempo a pensar sobre ello. Al decirnos que ese conocimiento de verdades infalibles nos va a "llenar nuestras cámaras..." nuestras habitaciones, nuestros cuartos, nuestras recamaras, nuestros dormitorios, nuestras alcobas, nuestras salas de estar y todo el espacio que tenemos serán llenos de todo lo que realmente tiene valor y satisface al ser interior, al alma y al espíritu, el mundo interno. Es importante que preste atención a que esos bienes preciados y agradables no están relacionados a los artefactos, muebles, aparatos y electrodomésticos, no menciona cortinas, ni costosas alfombras, lo que va a llenar de satisfacción es que podamos tener conocimiento y experiencias esenciales de la vida espiritual. Así que si quiere tomar este capítulo para agregarlo a su vida familiar como un valor de armonia y éxito entonces decida por darle valor al conocimiento espiritual que nos conduce a las buenas relaciones de armonía en el hogar. Para hacerlo aún más significativo y comprensible entonces le quiero agregar que lo que va a llenar de satisfacción y de gozo inefable las vidas de usted y de sus seres queridos, no puede ser asegurado por una compañía aseguradora porque son intangibles.

Derribemos esa mentira que lo que produce felicidad son las cosas que tenemos. Los recuerdos más hermosos que se llevarán sus hijos cuando sean adultos y se vayan de casa no serán las cosas que les compraron sino los momentos que se vivieron. Esos son los que llenan nuestras cámaras de verdadera satisfacción.

No cambie su tiempo de vida familiar por horas extras de trabajo, no adquiera muebles y aparatos costosos que le lleven a tener deudas que luego le obliguen a trabajar, y trabajar y trabajar más horas, y que se las está quitando a los que viven con usted y que luego el dinero no las podrá comprar. Las memorias de la vida familiar no están hechas por cuanto dinero ganamos sino por cuanto tiempo pasamos juntos.

EL MATERIALISMO ES UN LADRON DE HOGARES.

La decepción más grande que produce el querer tener más y más es descubrir que después de tener la casa llena de muebles, aparatos y dispositivos electrónicos estamos vacíos de Dios y vacíos de relación profunda con los nuestros. Pasamos muy poco tiempo o ninguno hablando sobre nuestros sentimientos e ilusiones, debido al engaño por sustitución de los bienes materiales.

Salomón se adelantó escribiéndonos en el libro de Eclesiastés al decirnos que después de tener y tener descubrió que todo era vanidad.

Eso lo podemos comprobar con las noticias de las celebridades de la industrias del entretenimiento, del mundo de Hollywood y las estrellas de las alfombras rojas, que con sus resultados de vida nos han demostrado que si fuera cierto que lo material produce felicidad entonces no escucharíamos noticias donde las celebridades se divorcian, otros se hunden en el alcohol y las drogas por la insatisfacción y muchos otros se suicidan.

Antes de terminar este capítulo quiero reforzar la verdad escrita por Salomón donde nos dice que el conocimiento es lo que va a llenar de satisfacción nuestras vidas. Es por eso que el principe de este mundo, satanas, a través de los medios de comunicación impulsa el consumismo, nos bombardean con anuncios bien elaborados que nos introducen al mundo de querer comprar más, y para comprar hay que tener y para tener hay que comprar y así el circulo sigue girando y logra su cometido, que es distraernos, para que no prestemos atención al conocimiento de Dios y a su palabra, que perdamos la visión de las cosas espirituales y que nuestro enfoque esté en lo temporal y no en lo eterno.

ES MENTIRA Y NO LO VAMOS A ACEPTAR.

Las palabras que nuestro Señor Jesucristo pronunció en su ministerio terrenal se hacen imprescindible para este capítulo de vida familiar, y quiero que las marque en su Biblia y si le es posible las escriba en un lugar donde pueda verlas con facilidad y con ellas poder contrarrestar los ataques hacía su armonía familiar. Se encuentran en el evangelio según San Lucas:

"Y les dijo: Mirad, y guardaos de toda avaricia; porque la vida del hombre no consiste en la abundancia de los bienes que posee. También les refirió una parábola, diciendo: La heredad de un hombre rico había producido mucho. Y él pensaba dentro de sí, diciendo: ¿Qué haré, porque no tengo dónde guardar mis frutos? Y dijo: Esto haré: derribaré mis graneros, y los edificaré mayores, y allí guardaré todos mis frutos y mis bienes; y diré a mi alma: Alma, muchos bienes tienes guardados para muchos años;

repósate, come, bebe, regocíjate. Pero Dios le dijo: Necio, esta noche vienen a pedirte tu alma; y lo que has provisto, ¿de quién será? Así es el que hace para sí tesoro, y no es rico para con Dios." S. Lucas 12:15-21 RVR1960

Al leer estas palabras tan directas dichas por nuestro Maestro y Señor Jesucristo, es imposible conformarse al engaño del materialismo como medio de seguridad y satisfacción. El enfoque es puntual, ser rico para con Dios.

Pregúntese ahora sobre este capítulo, ¿que idea surge en su mente como la más útil para el beneficio de su familia? ¿Podría tomar esa fuerte idea que nace al leer este capítulo y llevarla como tema de conversación con su cónyuge e hijos?

Termino ahora diciéndole que cierre el libro al terminar este capítulo y comience a dar gracias a Dios por lo que tiene (cónyuge, hijos, salud, habilidades, conocimiento de Dios,...) y no le permita al sistema que le engañe llevándole a pensar solo en lo que le falta. A Dios sea la Gloria!

CAPÍTULO CINCO

Cambios que se producen por compromisos

*M*ientras escribo este capítulo debo reconocer que lo hago con un deseo intenso de poder servir de estimulo y poder ayudar a matrimonios y familias que están sufriendo por los cambios que hay en todos los niveles de la sociedad actual. Escucho con frecuencia historias muy tristes, dolorosas que me llevan a decirle que las familias están necesitando instrucciones efectivas para unirse, no solo eventualmente, unirse y mantenerse unidas. La problemática actual nos obliga a nosotros los ministros y pastores cristianos a ofrecer respuestas claras que provengan de la Palabra de Dios, verdades bíblicas que siguen vigentes y son efectivas para la solución de los hogares que se encuentran confundidos y a punto de derrumbarse. Las presiones de la vida moderna atacan la estabilidad y planean la destrucción de todo lo que se llama armonía, risas y felicidad familiar. En medio de todo ese escenario sombrío, obscuro también aparecen los "especialistas" con sus estadísticas deprimentes para decirnos y convencernos que debemos de una vez por todas aceptar que esa es la realidad y que no podremos hacer nada para cambiarlo.

Pero soy un ministro cristiano evangélico, creo que he vivido lo suficiente dentro de nuestro entorno de fe para decirles con toda seguridad y sin lugar a las dudas, que en todo hogar que se destruye y en todo corazón herido DIOS quiere una oportunidad para hacer un milagro. Un milagro es la respuesta de DIOS para los que le buscan y le creen para hacer cambios en su estilo de vida y en sus familia. Eso lo puedo decir y seguir diciéndole pues DIOS ES FIEL A SU PALABRA. Prepárese para una nueva experiencia dentro de sus relaciones familiares.

COMPROMISO UNA PALABRA QUE SUENA DESAGRADABLE

Han pasado ya 18 meses en este país desde que se dio la orden de mantenernos dentro de nuestras casas debido al contagio del virus corona. El distanciamiento social perseguía el objetivo de evitar mayores cifras de contagios. Aunque la decisión de los entes gubernamentales era la protección y el cuidado, pudimos ser testigos que el quedarnos en casa trajo muchas dificultades. Los servicios de atención al público de las empresas desmejoraron notablemente, la rebeldía y la falta de respeto a las autoridades se hicieron casi incontrolables, las medidas de protección como el uso de las máscaras, se convirtieron en razones a muchas personas para sacar todo el resentimiento y amargura almacenada antes de que existiera la pandemia. ¿Y que ha pasado en nuestras casas? ¿Y que resultados se han producido en nuestra congregación de creyentes? En mi último análisis he podido llegar a la conclusión que la pandemia del COVID se ha convertido en excusas para casi todo.

Lo he podido ver en los aeropuertos, en las líneas aéreas, en los bancos, en las editoriales y muchos otros lugares. Pero donde más me ha impactado es las excusas que he podido escuchar dentro de las personas que forman parte de la comunidad de creyentes, dentro de los que nos llamamos cristianos, y eso me obliga a escribir este capítulo sin el interés de parecerle simpático y agradable, no quiero escribir solo unos cuantas paginas sanas sobre la armonia de la vida familiar esperando que usted como lector me apruebe, y que yo me sienta aceptado por todos, llevándoles a que se sientan bien con frases y clichés como estos que se repiten incansablemente: "lo mejor está por venir", "seguimos ascendiendo y nos veremos en la cima", "Las Aguilas solo viven en las alturas" y muchas frases más que suenan bonitas pero que no cambian nuestros estilos de vida ni nuestros comportamientos, que son los que se convierten en impedimentos para alcanzar lo que necesitamos y para que esos lindos clichés se hagan una realidad visibles para los que viven con nosotros dentro de nuestras casas.

La temporada de pandemia y vacunación nos están exigiendo a los líderes de la Iglesia de Jesucristo a ser más honestos con nuestros feligreses, a llevar a los hermanos en la fe bíblica a hacer evaluaciones precisas y obligarlos a través de nuestro liderazgo de influencia a tomar decisiones duras a favor de los que amamos, a favor de los que viven con nosotros y quienes serán los que sufran nuestros fracasos pero también los que van a disfrutar de nuestros éxitos.

Posiblemente con esta visión lo pierda como lector, pero insisto, que si escribo solo para ganar su aprobación y vender más libros entonces mi propósito como escritor cristiano está equivocado y contaminado.

Para que podamos recuperar el terreno que hemos perdido a través de los meses de pandemia se precisa tener que hacer compromisos. Si, sé que la palabra es mala para muchos, pues la mentalidad de hacer lo que me gusta y sin tener que responder a nadie, ha contaminado aún a los que tenemos que dar cuenta a Dios por nuestro servicio para Él. LA APATÍA HA TOMADO EL LUGAR DE DOMINIO. La frase "a quien le importa", y el "a mi tampoco" nos ha traído a todo este escenario de tristeza.

UN PAPEL PROTAGÓNICO "SOLO PARA HOMBRES"

Leí un titulo de un libro ASI QUE TU TE LLAMAS UN HOMBRE? escrito si no estoy equivocado por un pastor americano llamado T. D. Jakes y lo menciono aquí pues recuerdo que aunque no lo he leído, el solo titulo nos obliga como hombres a dar una respuesta a esa pregunta. No lo cree así?

La responsabilidad que se nos ha dado a nosotros los hombres, quienes nacimos por la unión de un cromosoma XY unido al ovulo de nuestra madre, es la de dejarnos ver la implicaciones de las las decisiones que tienen que ver con la conducción de nuestro hogar. No tengo dudas por escuchar muchos modelos de hogares desechos y en muchas experiencias negativas de mi propia casa, que la razón principal de ello es el papel pasivo e indiferente de nosotros los hombres. Para muchas mujeres que son esposas y madres les decepciona y les irrita observar en sus esposos y padres de sus hijos, que vivan la vida sin importarles su necesidad de liderazgo. Para muchas mujeres es insoportable.

Ahora lo más complicado para una esposa es ver a un hombre, que es esposo y padre, exigir respeto cuando él mismo no ejerce su responsabilidad de ser líder en casa. El compromiso (de nuevo esa desagradable palabra) de todo hombre como esposo y padre es ser un líder con determinación para llevar a cabo los planes de la vida familiar. Eso exige salir de la comodidad, de la pasividad y accionar con valor sabiendo que su compañera de vida, la madre de sus hijos será la primera en unirse a esa acción para lograr resultados satisfactorios. Yajaira, quién ha sido mi esposa por más de 35 años me ha dicho en su condición de mujer y por trabajar en un ministerio de ayuda a la mujer, que las mujeres no tienen ningún problema en seguir a los hombres, ella me dice como esposa, nosotras fuimos diseñadas para ayudar, para seguir a ese hombre que llamamos esposo, y luego me dice: "-pero por favor hombres, digan para donde van, pues no hay nada más frustrante como mujer que estar al lado de un hombre que no sabe lo que quiere y ni siquiera le preocupa".

En los años recientes el rol de los hombres se ha visto atacado por los medios de comunicación, por movimientos cada ves más fuertes de liberación femenina, y por artistas que promueven el estilo unisex, deliberadamente mezclados, donde esa linda figura con coquetería femenina y ese tipo de hombre con rasgos definidos masculinos han ido desapareciendo. Y esos modelos distorsionados en la imágenes y roles debilitan los compromisos de los padres en su responsabilidades, y al mismo tiempo fortalecen comportamientos de indiferencia y apatía por lo que sucede en las vidas de nuestros hijos.

UNA VIEJA HISTORIA PERO MUY OPORTUNA

Mi esposa es como yo, nos agrada escuchar a personas que utilizan las Sagradas Escrituras para descubrir ejemplos que puedan apoyar los argumentos que se presentan.

Es decepcionante y además muy peligroso estar escuchando a ministros cristianos que no demuestren las bases bíblicas que nos lleven a convencernos que eso que están exponiendo lo dice Dios en su Palabra.

Al ver historias bíblicas podemos aprender de personas reales que nos lleven a imitar las acciones que les han dejado buenos resultados. También podemos aprender en las Sagradas Escrituras de los errores de personas, para que nosotros no repitamos lo que a ellos les trajo dolor o ruina.

Un padre llamado Eli

Elí era sacerdote... el sumo sacerdote de la nación. Esa responsabilidad indicaba que era un buen conocedor de la ley de Dios. Al leer algunos pasajes bíblicos que hacen referencia a su manera de conducirse es probable que haya ejecutado sus deberes sacerdotales fielmente. Pero también debemos recordar que este sacerdote Elí era padre. Y no podemos negar que también es posible que se haya preocupado por enseñarles la ley de Dios a sus hijos. Sin embargo hay algo que sí está bien visible en la historia bíblica y es que el sacerdote Elí era débil, flojo, demasiado indulgente con sus hijos, y no era consecuente con la acción debida y no aplicaba la disciplina que se necesitaba, lo cual resultó en que tuvo que enfrentar las consecuencias y el juicio de Dios y trajera desconsuelo sobre sí mismo. Elí fracasó completamente en cuanto a un asunto que era más importante aún... no demostró celo por la verdadera y santa adoración de Dios cuando sus dos hijos se convirtieron en desobedientes y burladores de la ley de Dios. Para no dejar ninguna duda del comportamiento de los hijos del sacerdote Elí quiero que lo leamos tal y como está escrito en 1 Samuel capítulo dos:

"Los hijos de Elí eran hombres impíos, y no tenían conocimiento de Jehová. Y era costumbre de los sacerdotes con el pueblo, que cuando alguno ofrecía sacrificio, venía el criado del sacerdote mientras se cocía la carne, trayendo en su mano un garfio de tres dientes, y lo metía en el perol, en la olla, en el caldero o en la marmita; y todo lo que sacaba el garfio, el sacerdote lo tomaba para sí. De esta manera hacían con todo israelita que venía a Silo. Asimismo, antes de quemar la grosura, venía el criado del sacerdote, y decía al que sacrificaba: Da carne que asar para el sacerdote; porque no tomará de ti carne cocida, sino cruda. Y si el hombre le respondía: Quemen la grosura primero, y después toma tanto como quieras; él respondía: No, sino dámela ahora mismo; de otra manera yo la tomaré por la fuerza. Era, pues, muy grande delante de Jehová el pecado de los jóvenes; porque los hombres menospreciaban las ofrendas de Jehová."

1 Samuel 2:12-17 RVR1960

Es bastante probable que lo que leemos estas palabras de las Sagradas Escrituras no podamos comprender que pudo haber pasado en la vida personal de este padre al permitirles a sus dos hijos esta violación de la ley de Dios. Ahora quiero ampliar la información que la Biblia nos relata sobre estos dos Jovenes, hijos de Elí, llamados Ofnis y Finees.

"Pero Elí era muy viejo; y oía de todo lo que sus hijos hacían con todo Israel, y cómo dormían con las mujeres que velaban a la puerta del tabernáculo de reunión. Y les dijo: ¿Por qué hacéis cosas semejantes? Porque yo oigo de todo este pueblo vuestros malos procederes."

1 Samuel 2:22-23 RVR1960

Además de la violación de lo que Dios había establecido para los sacrificios, estos muchachos inicuos agregaban a sus pecados en contra de Jehová actos de inmoralidad con las mujeres que servían en el tabernáculo, de modo que todo Israel llegó a saber de ello. Y el informe de la terrible profanación del santuario de Dios por parte de sus hijos Ofnis y Finees llegó a oídos de Elí.

LA FALTA DE COMPROMISO

Durante mis años de ser padre y ministro del evangelio he podido ser testigo de lo difícil que es para nosotros los padres hacer las correcciones a nuestros hijos. En mis análisis personales he podido apreciar que la primera razón es la de los sentimientos, pensamos más con el corazón que con la razón y es entendible que al dejar que sean los sentimientos los que dominen nuestras decisiones como padres entonces seamos permisivos en algunas decisiones. La segunda razón que veo es la de presión de los amigos de nuestros hijos que hacen comparaciones entre padres, haciéndonos sentir que los otros padres tienen algo que a nosotros nos falta y que debemos ser más mente abierta y entonces nos deslizamos en cámara lenta. La tercera razón es la idea de que nosotros los padres debemos ser amigos de nuestros hijos. Y sobre este punto he hablado con padres que me han dicho con tonos de satisfacción: "Nosotros somos amigos de nuestros hijos, y ellos nos cuentas sus cosas y nos hablan con toda confianza". Y por las experiencias que hemos podido ver con el transcurrir del tiempo de esos padres llamados "amigos" es que los padres no somos llamados por Dios a ser "amigos" de nuestros hijos, ya amigos tienen de sobra, lo que necesitan son padres que les influencien y corrijan.

Veamos estos versículos sobre el sacerdote Elí y sus dos hijos y tratemos de ponernos en el protagonismo del escenario:

Y les dijo: ¿Por qué hacéis cosas semejantes? Porque yo oigo de todo este pueblo vuestros malos procederes."
1 Samuel 2:23 RVR1960

Y leamos esto con gran atención, son las palabras de este padre hacia las acciones de sus dos hijos.

"No, hijos míos, porque no es buena fama la que yo oigo; pues hacéis pecar al pueblo de Jehová. Si pecare el hombre contra el hombre, los jueces le juzgarán; mas si alguno pecare contra Jehová, ¿quién rogará por él? ...
1 Samuel 2:24-25 RVR1960

¿No nota usted la falta de compromiso en estas palabras? ¿No le suenan como si no tuviese autoridad? ¿No les parece palabras simples para la gravedad de lo que él como padre está escuchando sobre sus hijos?

Como padre de Ofni y Finees y, con determinación y en su responsabilidad de sumo sacerdote de Israel que había sido ungido por Dios, Elí debió haber tomado acción disciplinaria de manera inmediata, era su COMPROMISO, (que no es otra cosa que la obligación contraída) debía quitarlos inmediatamente del oficio sacerdotal que desempeñaban y echarlos fuera para que no estuvieran más en el servicio del santuario. Más aún, estos hombres debían haber sido duramente castigados por sus crímenes según la ley. En cambio, Elí simplemente les dijo: "No, hijos míos, no es buena fama la que oigo..."

Los resultados nos obligan a rectificar

Creí obligatorio dejar como escritor las palabras que quedaron plasmadas en el libro de Samuel con relación a las consecuencias que tendrían que sufrir los dos hijos de Elí.

Mientras Elí no muestra mucho interés en sancionar duramente a sus hijos por su mal comportamiento, Jehová Dios no está dormido ni indiferente sobre este asunto, Dios si ha hecho un juicio sobre Ofnis y Finees ya que su padre no los ha estorbado. Así que podemos leer en la Biblia que el juicio de Jehová Dios es, que ha determinado darles muerte. He aquí las palabras tal y como están registradas en las Sagradas Escrituras, en los versículos que leímos del capitulo dos de primera de Samuel, al final del versículo veinticinco dice:

"... porque Jehová había resuelto hacerlos morir."
1 Samuel 2:25 RVR1960

"... porque Dios había decidido que murieran."
1 SAMUEL 2:25 BLPH

Debido a que la elección de nuestra actitud es tan importante, necesitamos alimentar nuestras convicciones de compromisos para nuestra familia con los ejemplos que nos da Dios en su palabra. La negligencia, la pasividad no resuelve ningún problema, al contrario los agranda.

Déjeme instarle como amigo, como pastor a que se ocupe hoy mismo de sus compromisos como hombre, esposo y padre. Lea de nuevo los 3 impedimentos que escribí y si se identifica con ellos o con algunos de ellos, tome la determinación de salir de la pasividad y actué sobre el compromiso al que tiene que responder a favor de los suyos.

Ejemplos para pensar

Mientras escribo este capítulo escucho una noticia de Oxford, Michigan, USA. Un nuevo tiroteo en una escuela en esta nación (según algunos medios el número 28 en este año 2021). Este tiroteo es mencionado como el más mortal en una escuela de EE.UU. desde el 2018. El sospechoso es un joven de solo 15 años, que debido a los cargos que se le pueden imputar será juzgado como adulto. Lo que me hace mencionarlo para este capítulo es porque el arma utilizada por este joven para disparar a los estudiantes de su escuela, fue comprada por su padre hacia solo cuatro días. Las informaciones dicen que encontraron imágenes en las redes sociales del sospechoso posando con el arma.

La pregunta que los medios de comunicación le hacen a muchos colaboradores profesionales del derecho es: ¿Pueden ir a prisión los padres de este joven atacante del tiroteo en Michigan? La respuesta de algunos abogados constitucionalistas es que sí podrían enfrentar tiempo en prisión de probarse tener responsabilidad legal por este ataque que ha dejado cuatro muertes hasta este momento.

Pensemos ahora en esta posibilidad convertida en un hecho. "Padres del joven atacante en escuela enfrentaran años de cárcel".

Aunque lo escribo como una posibilidad, el solo pensar que suceda hace que tengamos que levantar las cejas y preguntarnos ¿Es justo? ¿Hasta donde llega nuestra responsabilidad de padres mientras nuestros hijos aún no son adultos? Aunque pasará mucho tiempo para saber el fallo en una corte, si quiero que usted como lector y como padre se haga este planteamiento: Mis hijos sí importan y yo tengo compromisos delante de Dios por ellos.

Preguntas, solo preguntas para respondernos a nosotros mismos:

¿Que memorias se llevarán mis hijos de mi papel como padre?
¿Querrán mis hijos imitarme a mí como hombre, esposo y padre?

¿Que puedo hacer como padre ahora mismo para cambiar el futuro de mis hijos?

¿Es mi vida cristiana una influencia para la vida de mis hijos?

Con esas respuestas, tome las decisiones que demostraran su compromiso.

CAPÍTULO SEIS

Cuan necesario es que haya una mujer en el hogar

$\mathcal{D}$urante muchos años he podido ver como puede ser dañado el diseño original de Dios en la vida del hogar con solo desacreditar o hacer burla del propósito de algunos de sus integrantes. Nuestro enemigo espiritual ha tenido éxito con esta estrategia y ha logrado destruir familias con solo poner ideas en la mente de líderes o personas destacadas en los medios de comunicación. Cualquier profesión u ocupación a la que se le dedique interés solo para demostrar que es de poco valor o que es casi innecesaria perderá su influencia en la sociedad y además dejará de ser atractiva para querer ejercerla. Pensemos en el papel de un policía al que los medios atacan presentándolo como un corrupto, o que es un abusador, alguien que hace mal uso de su autoridad, se presentan solo videos en los medios donde un policía somete o golpea a alguien desarmado e indefenso o trasmiten únicamente videos de un policía disparando a alguien que no presentaba ningún peligro para el policía, de inmediato se va formando una opinión publica y un rechazo hacia la policía y muy pocos querrán ir a la academia a formarse como uno de ellos. O pensemos en la labor de un dentista, y que el interés sea dañar su aporte como profesional de la salud diciendo que su trabajo solo consiste en ver bocas de personas que no cuidan su limpieza, que es solo una ocupación de segunda, pues tiene que limpiar dientes sucios y asquerosos, piezas dentales podridas, cavidades con mal olor y que además él como dentista es un foco de transmisión viral al que hay que mantenerlo lejos de nosotros como amigo, debido al alto riesgo de contagio que tiene como resultado de su ocupación. ¿Parece convincente? Si, claro, si esa es la forma como se presenta y si el propósito es dañar la imagen de seguro que va a ser muy convincente, ya que viéndolo de esa manera como lo expuesto nadie querrá ser policía ni dentista. ¿Que pasaría en nuestra sociedad si hiciéramos este trabajo intencional de producir rechazo al trabajo del policía y del dentista? Es lógico se perdería el orden y el caos reinaría pues nadie va querer respetar la autoridad del policía pues es un corrupto y abusador. La salud bucal estaría totalmente descuidada lo que produciría otras enfermedades de mayor impacto y habría perdidas humanas innecesarias.

¿Y que del papel de una esposa y madre?

Pensemos ahora de la misma manera como imaginariamente vimos el papel del policía y del dentista pero ahora en la vida real dirigido directamente a la vida de una mujer como esposa y madre. Cuantas mujeres no han perdido su estima o valor por escuchar que el papel de una mujer como esposa y madre es lo más degradante que pudiera sucederle.

¿Como se ve hoy en nuestra sociedad actual a una mujer que solo está dedicada a ser esposa y madre? ¿o con el titulo que ya ninguna mujer quiere usar "ama de casa", "cuidadora de hogar".? Nooo ¿yo? ¿Ama de casa? JAMÁS. ¿Estar encerrada en cuatro paredes, limpiando pisos, haciendo comida, lavando platos y cubiertos? Esa son las expresiones que se usan al referirse a el papel de más influencia en la vida y que tiene tanto poder, el papel de una mujer quién es esposa y madre. No tengo ninguna duda en decirlo. He vivido lo suficiente como hombre, esposo, padre, pastor y consejero de familias y los hechos no mienten. HOY hay muchos que deambulan por la vida sin rumbo cierto, confundidos, lastimados, con heridas emocionales y personalidades quebrantadas producto de hogares donde el papel de una mujer fue tan desprestigiado y tan poco valorado que se tiró a la basura prefiriendo darle su tiempo y fuerza a un campo de trabajo para decir "soy asistente de... soy gerente en ... soy directora en... soy profesional en... trabajo para la compañía... ¿ y los resultados? Analicémoslos.

PORQUE AL FINAL DE TODO UNO DESCUBRE QUE LO MÁS IMPORTANTE ES LA FAMILIA.

De manera que no tengo duda de la función honrosa que una mujer tiene en sus manos, que le fue dada por el Creador y Dador de la vida, esa honrosa y satisfactoria función es la de influenciar y trasmitir en su hogar memorias, que van a acompañar a sus integrantes por el resto de sus vidas. Así que quiero llevarle a que este valor sea agregado a su lista, y manténgalo siempre en mente a la hora de la decisión: NO HAY ÉXITO QUE PODAMOS LOGRAR EN NINGÚN ÁREA QUE PUEDE LUEGO COMPENSAR EL FRACASO Y EL DOLOR DE LA VIDA FAMILIAR.

PARÁBOLA DE UNA FAMILIA SIN EL APORTE DE UNA MADRE

Para demostrar con más fuerza el principio de la gran importancia de una mujer involucrada en la vida familiar quiero ir a un lugar excelente de las Sagradas Escrituras para visualizar una familia. El Señor Jesucristo comparte una parábola en el capítulo quince del Evangelio según San Lucas desde el versículo once al versículo treinta y dos. Solo quiero colocar en mi libro algunos versículos por razones de espacio pero quiero que usted la vea completa.)

Quiero animarle a que lea esta conocida parábola y se una conmigo a revisar detalles que nos van a servir para enfocarnos en la importancia de una mujer-esposa y madre. Aunque ya esta parábola sea de su conocimiento le motivo a que la vuelva a leer (en su totalidad) para encontrar en ella cosas especificas con relación al tema de este capítulo de mi libro. Aquí está solo la parte inicial de esta famosísima parábola conocida como el hijo pródigo:

"También dijo: Un hombre tenía dos hijos; y el menor de ellos dijo a su padre: Padre, dame la parte de los bienes que me corresponde; y les repartió los bienes. No muchos días después, juntándolo todo el hijo menor, se fue lejos a una provincia apartada; y allí desperdició sus bienes viviendo perdidamente. Y cuando todo lo hubo malgastado, vino una gran hambre en aquella provincia, y comenzó a faltarle."

S. Lucas 15:11-14 RVR1960

Vamos a limitarnos a ver esta parábola para extraer detalles de utilidad. Lo primero que quiero mencionar es que esta parábola ha sido sometida a muchas interpretaciones pero la más común de ellas es que esta parábola es la demostración del amor de nuestro padre celestial y que no importa que tan bajo haya caído el hombre en su pecado el amor del padre siempre estará disponible para otorgar perdón. Y yo estoy totalmente de acuerdo con esa interpretación, sin embargo pienso que si esa fuera la única enseñanza que nos deja esa parábola entonces sería innecesario que Jesús diera tantos detalles en ella. Creo que con tan solo mencionar que el Hijo del hombre vino a buscar y a salvar lo que se había perdido hubiese sido suficiente.

"Un hombre tenía dos hijos"; asi de directo, más nada, una familia compuesta por tres personas. Un padre y dos hijos. Lo que nos lleva a darnos cuenta que falta un integrante, sí, falta la madre. De manera que en esta familia no había una madre. Y si el argumento que pudiéramos usar para decir que no se menciona es que para la época las mujeres no eran mencionadas debido a protagonismo solo masculino, entonces es necesario que leamos que precisamente en este mismo capítulo quince de Lucas, en los versículos anteriores a la parábola del hijo prodigo nos menciona precisamente a una mujer, y a esa mujer se le dedica una parábola llamada la moneda perdida

Yo quisiera que entráramos en la parábola para ver muchos detalles que dejan evidencia que no había una mujer en este hogar (posiblemente era viudo). Conociendo el corazón femenino es de asegurar que si un hijo menciona que se va de la casa, la primera acción que veríamos sería la de una madre haciendo todo lo que esté a su alcance para impedirlo, algo que no se ve en la parábola. Además al leer que después que el joven rebelde gastó todo lo que tenía y comenzó a faltarle y la necesidad era imperante, podemos decir sin lugar a equivocarnos que una madre posiblemente pudiera sujetarse al liderazgo de su esposo al dejarlo ir de la casa sin ninguna oposición pero... ¿dejarlo morir de hambre? Jamás. Una madre en su sentido natural iría a donde fuera para llevarle un plato de comida, lo que indica que no había una madre en casa. También podemos pensar en lo que produjo que el joven rebelde regresara, pensemos según la parábola ¿que fue lo que despertó la decisión de regresar a casa? Allí esta claro, fue el hambre! Sí, el hambre lo llevó a recordar. Y ahora pensemos nosotros, cuando recordamos comida en nuestra niñez y juventud, ¿con quién la relacionamos? ¿A quien recordamos con los platos de comida? A la madre! ¿Quien recuerda a los hombres cuando pensamos en comida de casa? Claro que no! Recordamos es a nuestra madre. Entonces si leemos la parábola nos dice que el joven recordó a su padre diciendo: "Cuántos jornaleros en casa de mi padre tienen abundancia de pan, y yo aquí perezco de hambre". Una casa sin una mujer deja un vacío de recuerdos útiles para las generaciones futuras. Y si fuera poco hay otro detalle que podemos mencionar que nos indica que no había una madre en casa y es el momento del regreso del joven rebelde, lo vio su padre y "fue movido a misericordia", de haber habido una madre la escena hubiese sido distinta. ¿No le parece? El corazón de una madre deja recuerdos que son insustituibles.

UN ESCENARIO DISTINTO SI HUBIESE HABIDO UNA MUJER

Para terminar este capítulo que se ha hecho un poco largo deseo que usted analice estos puntos que acontecen en la parábola del hijo pródigo y que de haber una madre no sería igual.

1. El joven rebelde decide irse de casa y de haber una madre seguro que habría impedimentos.

2. El descuido del padre al quedarse solo con el hijo mayor en casa no hubiese sucedido si hubiese una madre. El hijo mayor le dice a su padre que aunque él se quedó con su padre en casa nunca le ha ofrecido ni un cabrito para gozarse con sus amigos, de haber habido una madre en casa le aseguro que diría "fallamos con el que está afuera

pero vamos a rectificar y cuidar los detalles con el que está en casa".

3. Debido a la relación emocional de las madres con sus hijos, el hijo mayor hubiese entrado a la celebración del regreso de su hermano, pero la parábola termina dejándonos ver que el hermano mayor nunca entró.

Mujeres, esposas y madres, junte a su familia ahora mismo y tómense tiempo para hablar entre ustedes de ilusiones que les gustaría que pudiesen disfrutar juntos y luego oren pidiéndole al Señor que les ayude a verlas hechas realidad.

Piense en las cosas que pudieran cambiar en sus relaciones familiares a través del aporte que usted como mujer puede dejarle saber a su esposo.

Y recuerde sin cambios, no hay cambios!

Y por último conviértase en una mujer bajo el diseño de las Sagradas Escrituras, piense en la ayuda que puede darles a otras mujeres que por la falta de este conocimiento pueden producir daños irreversibles para su hogar. El Apostol Pablo le escribe a Tito en el capítulo dos y los versículos tres al cinco de la carta que lleva su nombre, sobre las responsabilidades que tiene que cumplir como pastor, aquí se los dejo:

"Las ancianas asimismo sean reverentes en su porte; no calumniadoras, no esclavas del vino, maestras del bien; que enseñen a las mujeres jóvenes a amar a sus maridos y a sus hijos, a ser prudentes, castas, cuidadosas de su casa, buenas, sujetas a sus maridos, para que la palabra de Dios no sea blasfemada."
Tito 2:3-5 RVR1960

Mujer, esposa, madre, eres una bendición. Tú papel es único!

CAPÍTULO SIETE

Renunciemos a vivir de las apariencias

$\mathcal{E}$n mi experiencia como pastor y por ser un conferencista para matrimonios y familias, he podido apreciar que el estilo de vida familiar en los últimos diez años ha tenido más cambios que todos los años anteriores. Cosas que antes eran de gran importancia para la vida del hogar y para la sociedad hoy son burladas por los que se dedican a influenciar a otros.

Una de las cosas que hoy es casi risible e irrelevante para nuestra generación, aún incluyendo a personas que asisten regularmente a una iglesia cristiana es hablar de la permanencia de vida matrimonial. En uno de mis libros escritos anteriormente (CONVICCIONES CRISTIANAS) expuse esto con gran interés, hoy solo lo quiero mencionar debido a que la mayor precipitación sobre este asunto es que la permanencia ha sido sustituida por la conveniencia, entonces el matrimonio por los nuevos contrayentes ya no está enfocada en la promesa "hasta que la muerte los separe" (permanencia que es el standard bíblico) sino en la conveniencia, de que si las cosas salen como las quiero, entonces mantenemos esta unión pero si se pone muy difícil, entonces esto se termina. Esta forma de conducirse ha producido grandes daños a la sociedad en diferentes maneras:

- La influencia de los padres hacia sus hijos es casi nula, y debido al poco valor a las relaciones emocionales, se cae en el abuso y maltrato.
- Nos convertimos en personas indiferentes hacia las necesidades de otros y a sus sentimientos, solo pensamos en nosotros mismos.
- Quedamos atrapados en el huracán de la huida, donde el resolver problemas no es parte del plan, sino al contrario, escapar de ellos para no pasar momentos desagradables. Este comportamiento de huir y no hacer frente a los problemas, luego se va aplicando no solo al matrimonio, se aplica en el trabajo, en los estudios, en la iglesia, en las obligaciones financieras y una cadena más de eventos.

¡Qué difícil es sobrevivir en una sociedad sin valores esenciales!

TENEMOS QUE HACER ALGO A FAVOR DE NUESTRA SOCIEDAD

Mientras más avanzo en años le doy más importancia al uso del tiempo y eso me ha llevado a tomar pasajes bíblicos con mayor interés, antes eran solo eso, textos bíblicos pero que sentían que no eran tan necesarios recordarlos. Hoy suenan constantemente las palabras del Apostol Pablo a los Efesios en el capítulo cinco y el versículo dieciséis que dice: "aprovechando bien el tiempo, porque los días son malos."

Efesios 5:16 RVR1960. El libro de Apocalipsis menciona esto: "...porque el diablo ha descendido a vosotros con gran ira, sabiendo que tiene poco tiempo." Apocalipsis 12:12 RVR1960.

Salgamos de la indiferencia y hagamos algo a favor de nuestra familia para influenciar nuestra sociedad. ¡Tenemos que actuar ya!

Un escenario bíblico muy pertinente

Todo esto que acaba de leer es lo me impulsa a buscar en las Sagradas Escrituras a un modelo bíblico familiar que se asemeja al tiempo en el que nosotros estamos viviendo. Me refiero a Noé y su familia. Es una historia conocida por muchos que quiero que la pueda recibir con el deseo de extraer principios útiles para la vida de nuestra familia.

Insisto en esto porque no quiero que perdamos de vista que la familia de Noé vivió en una generación alejada de Dios, con dureza de corazón; violencia y cinismo era lo que les rodeaba. Con solo leerlo nos identificamos con nuestra generación. Como punto relevante y de mucha importancia tenemos que recordar las palabras dichas por nuestro Señor y Salvador Jesucristo en el capítulo diecisiete del evangelio según San Lucas diciéndonos que unos de los indicadores que habría en la sociedad que será testigo de su segunda venida era que iba a ser una sociedad parecida a la de los días de Noé. ¿No le parece interesante este parecido? Veamos el pasaje de Lucas:

"Como fue en los días de Noé, así también será en los días del Hijo del Hombre. Comían, bebían, se casaban y se daban en casamiento, hasta el día en que entró Noé en el arca, y vino el diluvio y los destruyó a todos.
S. Lucas 17:26-27 RVR1960

Ahora quiero que leamos el relato del libro de Genesis capítulo seis.

"Y vio Jehová que la maldad de los hombres era mucha en la tierra, y que todo designio de los pensamientos del corazón de ellos era de continuo solamente el mal. Y se arrepintió Jehová de haber hecho hombre en la tierra, y le dolió en su corazón. Y dijo Jehová: Raeré de sobre la faz de la tierra a los hombres que he creado, desde el hombre hasta la bestia, y hasta el reptil y las aves del cielo; pues me arrepiento de haberlos hecho."
Génesis 6:5-7 RVR1960

Prestemos atención a estas palabras "todo designio de los pensamientos del corazón de ellos era de continuo solamente el mal". Tiempos malos, días duros, momentos espantosos, acontecimientos violentos, nada bueno que mirar.

PERO,... (en medio de este escenario) un hombre era diferente. Noé era un hombre piadoso en medio de una sociedad impía y corrupta. Me regocija esta verdad bíblica, pues no es correcto justificar diciendo que alguien que crece en un ambiente así, es lógico, que no se pueda esperar que sea distinto a su entorno. Noé fue diferente en un mundo inmoral. La Biblia nos dice en el versículo nueve que "con Dios caminó Noé".

Dios llama a Noé a una misión especial

La misión es sin preámbulos, es curioso que no hubo ninguna señal de preparación para este llamado que Dios le hace a Noé. Veámoslo en el libro de Génesis capítulo seis:

"Dijo, pues, Dios a Noé: He decidido el fin de todo ser, porque la tierra está llena de violencia a causa de ellos; y he aquí que yo los destruiré con la tierra. Hazte un arca de madera de gofer; harás aposentos en el arca, y la calafatearás con brea por dentro y por fuera."
Génesis 6:13-14 RVR1960

Eso es ser directo. Sin anestesia! Un solo dolor. "He decidido el fin de todo ser..." Todo ser viviente va a morir. El llamado que Dios le hace a Noé es sin opciones, sin tiempo a razonar, le habla del juicio e inmediatamente le asigna la tarea y las instrucciones a cumplir. Las palabras debieron sonar y resonarle en su cabeza: "...los destruiré... haste un arca..." "Haste un arca..." "He decidido el fin de todo ser".

Que palabras tan estremecedoras, recibidas del Dios Todopoderoso, el creador de todo lo existente. Solo de pensarlo es turbador.

El Apostol San Pedro en su segunda carta lo identifica como un "pregonero de justicia". Fui al diccionario para buscar el significado de la palabra pregonero y encontré este: "alguien que publica en alta voz algo que es ignorado". Otra definición que encontré es "alguien que publica y hace notorio lo que se quiere hacer saber a todos". Eso era Noé según la Biblia, un pregonero, en palabras más comunes Noé era un predicador de justicia. Puede usted imaginarse a este hombre junto a su familia trabajando en la construcción de una embarcación nunca antes vista y sin precedentes (Noé no podia ir a Google y escribir como hacer un arca) y además de ese trabajo de construcción tener que anunciar públicamente un mensaje en alta voz diciendo "viene un diluvio, va llover" "Dios es justo y hace justicia" "va a caer agua del cielo y va a inundar la tierra". Días, semanas, meses, años, ese mensaje era anunciado por Noé a la humanidad de su generación. Quiero que tenga presente que para la época ese mensaje era risible, sonaba como una película de ciencia ficción. ¿Llover? ¿Que va a caer agua de arriba?

Hoy es fácil recibirlo por las muchas inundaciones que hemos podido ver en nuestro planeta pero para la generación de Noé era increíble, pues nunca había llovido, la tierra era regada por un rocio, un vapor que subía de la tierra y la mojaba y que permitía la germinación.

Libres de apariencias

Tengo un deseo que este capítulo le pueda ayudar a usted a salir del circulo que nos envuelve a que vivamos solo de apariencias. Las redes sociales y sus plataformas se han convertido en el vehículo que transporta la mayor carga de motivación a vivir interesados en la opinión de los de afuera, a tratar de impresionar a los que nos siguen, alimentamos la apariencia a todo costo sin importarnos las consecuencias de la realidad, a la que no le damos la misma importancia. Insisto y lo repito de nuevo y lo hago por las muchas historias tristes que escucho debido a este molde dañino, molde que debe romperse. Miramos en las redes sociales que alguien publica sus vacaciones, otro el carro que acaban de comprar, luego miramos el desayuno que un esposo le trajo a su esposa a la cama, seguidamente la foto de la nueva casa que su amiga acaba de comprar y por si fuera poco más abajo miramos el anuncio del nuevo ascenso que acaba de recibir un ex compañero de trabajo suyo y allí en solo unos 10 minutos de ver todas esas publicaciones, usted llega a una conclusión: "Que el único miserable es usted".

¿Sabe que respuesta produce ese sentimiento de fracaso? Por favor no lo pase por alto, la respuesta es que debemos unirnos a esa masa grande de personas a publicar también "nuestro éxito". Y entonces el enfoque es impresionar, quien tiene la casa más grande, la mejor marca de auto, el televisor con más pulgadas y resolución y siempre el lema es "disfrutando". Y si se pregunta ¿por que lo hacemos? Porque al final del día tenemos más de 95 "me gusta" más de 35 comentarios y con eso nos sentimos que hicimos el día. ¿Pero y que pasa con los que son parte de nuestra vida real, con los que viven con nosotros y conocen nuestros fracasos? ¿Como está la relación con nuestro cónyuge al que no le podemos impresionar con los "likes"? ¿Podemos mirarlo a los ojos y hablarle de lo que sentimos? ¿que estamos enseñando a los que están en casa con nosotros? Le escribo con el corazón, lo he experimentado en mi propia vida, en mi matrimonio y con mis hijos, además lo he escuchado en muchas historias tristes y quiero que no forme parte de ese grupo, si está allí sálgase hoy mismo.

Obediencia a Dios por encima de las apariencias

Quiero regresar a la familia de nuestro protagonista bíblico Noé. Lo dejamos en la construcción de la embarcación de salvación y su mensaje proclamando "viene un juicio de Dios" diciéndoles deben salvarse porque "va a llover, va a caer agua de los cielos". Puedo ver en mi imaginación las risas, las burlas hacia su predicación. Ahora para mí hay algo muy significativo asociado al titulo de este capítulo y es que durante todo ese tiempo Noé no le da ninguna importancia al rechazo de las personas, no le es de importancia las burlas a su predicación, la aceptación de las personas no le preocupa para nada, y lo digo porque las Sagradas Escrituras nos dejan ver en diferentes oportunidades esta descripción de su historia con Dios, Noé escuchaba lo que Dios le decía y la Biblia nos dice: "Así hizo Noé" ... Tal y como Dios le dijo, largo, ancho, altura, calafateado, ventana... todo. Así lo hizo". No le importaba nada más que obedecer a Dios por encima de cualquier presión social que pudiese tener. No le importaba la opinión publica ni la buena imagen social. A mí me apasiona eso. CERO APARIENCIAS. NADA QUE CUIDAR. Un reto para nosotros los creyentes actuales. ¿No le parece?

120 años pasaron
Para cerrar este capítulo y llevarle a usted a abrazar esta historia real de las Sagradas Escritura necesito entrar en la médula

ósea de lo que considero el punto primordial. Teológicamente la enseñanza sobre el tiempo que ha pasado desde el llamado a Noé al momento del diluvio son 120 años. Entonces vamos a preguntarnos nosotros como cónyuges, como padres y madres, como miembros de una familia ¿como pudo Noé mantenerse durante tanto tiempo predicando el mismo mensaje y construir el arca sin desanimarse? Piénselo, y preguntémonos ¿De dónde sacó las fuerzas Noé para no rendirse ante la burla y la indiferecia? Es necesario tener una respuesta pues quedaríamos insatisfechos como seres humanos que tenemos emociones, sentimientos y comportamientos que pueden hacernos desmayar. Trabajar y trabajar en la construcción de un arca en medio de una sociedad pervertida y contaminada. Hay un pasaje bíblico en el libro de los Hebreos que nos revela de donde sacó Noé las fuerzas para no rendirse. En el capítulo once y en versículo siete leemos:

"Por la fe Noé, advertido sobre cosas que aún no se veían, con temor reverente construyó un arca para salvar a su familia. Por esa fe condenó al mundo y llegó a ser heredero de la justicia que viene por la fe."
Hebreos 11:7 NVI

¡Me encanta ese pasaje! Es posible que usted sienta que sus fuerzas se agotan en medio de un mundo hostil pero hay algo que podemos incorporar a nuestro estilo de vida y es la motivación de Noé. Si aún no lo ha visto, regreso al texto de los Hebreos y allí esta escrito: "advertido sobre cosas que aún no se veían, con temor reverente construyó un arca para salvar a su familia...". Me encanta, léalo y repítalo: PARA SALVAR A SU FAMILIA.

Esa fue la motivación para no desmayar, seguir y seguir trabajando en la construcción PARA SALVAR A SU FAMILIA.

Ese es nuestro desafío SALVAR A NUESTRA FAMILIA. Los demás son los demás pero nuestra familia es prioridad.

Así que ya mismo le invito a tomar el modelo de Noé y decir voy a construir un arca para mi familia. El arca representa cambios, decisiones, resoluciones y planes nuevos, pero llevan un propósito:

SALVAR A NUESTRA FAMILIA. Dígalo en voz audible: SALVAR NUESTRA FAMILIA.

PADRE NUESTRO QUE ESTÁN EN LOS CIELOS, TE ADORAMOS Y RECONOCEMOS COMO NUESTRO DIOS, Y QUEREMOS HUMILLARNOS ANTE TI Y PEDIRTE PERDÓN POR NUESTROS PECADOS Y POR NUESTRA INDIFERENCIA HACIA LOS NUESTROS Y POR PREOCUPARNOS MÁS POR LAS APARIENCIAS. PADRE TÚ NOS HAS PROMETIDO QUE SI NOS HUMILLAMOS DELANTE DE TI TÚ PERDONAS NUESTROS PECADOS Y SANAS NUESTRA TIERRA. TE PEDIMOS QUE SANES NUESTRAS RELACIONES FAMILIARES. GRACIAS PADRE CELESTIAL POR TU AYUDA, GRACIAS PORQUE CON TU BENDICIÓN SOBRE NOSOTROS VAMOS A RECUPERAR LO QUE HABÍAMOS PERDIDO. PADRE, ORAMOS EN EL NOMBRE DE JESÚS, AMÉN.

CAPÍTULO OCHO

Juntos contra todo ataque a nuestra vida familiar

*E*s impresionante la indiferencia que existe en los medios de comunicación de influencia masiva con relación a la importancia de la estabilidad del matrimonio y más hacia la vida familiar. Son escasos para no decir ninguno los espacios de transmisión que se enfocan en la necesidad de fortalecer las relaciones familiares. Hoy suena vacío el concepto de la familia como célula fundamental de la sociedad. Esa falta de interés es una de las formas más sutiles de ataque a la estabilidad de la vida familiar. En la medida que se va diluyendo ese concepto de que la familia es la piedra angular de la vida humana entonces se fortalece el individualismo y la competencia dentro de los miembros de los hogares que ya no se ven como miembros de un mismo equipo. Ese deterioro de las relaciones dentro los miembros de cada familia indudablemente deja resultados devastadores para la vida social.

Los ataques armados que acaparan titulares y que conmueven los sentimientos, además de ser un problema en legislación de armas es también un problema de deterioro familiar. No es solo un problema de legislación de leyes de armas es también trasfondo de vida familiar. Dolorosamente estamos siendo testigos de hechos en diferentes lugares del mundo que nos sacuden. Noticias espeluznantes de madres que ahogan a sus bebes, de padres que asesinan a sus niños y a su esposa y luego cometen suicidio dejando dolor y confusión en sus otros miembros de la familia. Muchas preguntas que quedan sin respuesta y esos resultados deben llevarnos con toda la energía posible a enfrentarnos a toda guerra en contra de nuestra familia.

Como pastor evangélico, predicador y escritor tengo la responsabilidad de poder explicar lo que entiendo sobre ese ataque a la estructura familiar. Es una guerra contra todo lo que Dios ha instituido en la biblia, que es la palabra de Dios para la humanidad. Hay una guerra enfurecida contra el diseño del matrimonio bíblico y de la vida familiar con los roles dados por Dios a cada integrante, son fuerzas espirituales que la palabra de Dios nos advierte bajo la pluma del Apostol San Pablo en el libro de los Efesios, en el capítulo seis y versículos doce en adelante:

"Porque nuestra lucha no es contra seres humanos, sino contra poderes, contra autoridades, contra potestades que dominan este mundo de tinieblas, contra fuerzas espirituales malignas en las regiones celestiales. Por lo tanto, pónganse toda la armadura de Dios, para que cuando llegue el día malo puedan resistir hasta el fin con firmeza."
Efesios 6:12-13 NVI

Este pasaje bíblico nos deja ver el origen de muchas situaciones que se enfrentan en la actualidad. Ataques que vienen motivados por fuerzas espirituales malignas que no son visibles, es Satanas y sus demonios dirigiendo ataques para las instituciones que Dios ha diseñado, la institución del matrimonio bíblico entre un hombre y una mujer, ataque al modelo tradicional de familia compuesto por un hombre que es esposo y padre, una mujer que es esposa y madre y de unos hijos que respetan la autoridad de ambos como sus guiadores. Por transgredir lo que Dios ha establecido y querer hacer cambios según nuestras opiniones y formas de pensar, entonces nos vemos ante todos esos resultados desastrosos que estamos presenciando. Dios estableció sus ordenes para el matrimonio y para la familia y cualquier persona, institución que vaya en contra a ese orden va a experimentar dolorosas consecuencias.

Esa es la razón por la que estamos viendo la epidemia del divorcio, la separaciones familiares, la rebeldía en los hijos, la violencia en la sociedad, ataques en las escuelas, los problemas económicos y muchos asuntos más, que tienen su origen al ataque de la vida del hogar bíblico por las fuerzas espirituales. En el mundo de lo no visible se generan ideas que son manifestadas en el mundo visible a través de personas que impulsan esas ideas convirtiéndolas en agendas, ideologías opuestas a todo lo que Dios ha diseñado.

Asunto "sin importancia" llamado: Divorcio

He podido presenciar en mi vida como ministro los cambios que la iglesia de Jesucristo ha tenido con relación al asunto del divorcio. Al punto que ya hoy para muchos es un asunto "sin importancia". Les voy a dejar clara mi opinión al respecto sobre este asunto del divorcio ya que he podido mirar de cerca las consecuencias inmediatas y también a largo plazo. No tengo dudas que el standard de Dios para el matrimonio sigue siendo el mismo desde que lo instituyó. La meta de Dios es que dos personas de sexos opuestos, que dejan sus hogares de solteros se unan para convertirse en sola carne y que esa unión es establecida de por vida, hasta que la muerte haga la separación. Hoy esa posición es ridiculizada por quienes han decidido culturizar las Sagradas Escrituras y asumir que los textos bíblicos que hablan sobre la permanencia del matrimonio de por vida fueron escritos para una cultura diferente a la nuestra y por allí se nos han ido una cantidad grande de matrimonios que pudieron ser ayudados a mantener su pacto y poder experimentar el poder de Dios en sus vidas, a ser testigos de la ayuda del Señor en medio de las crisis que estaban enfrentando. Nuestra vida matrimonial es un termómetro que nos sirve a cada uno de nosotros para medir nuestras capacidades para resolver situaciones y además, es un reflejo personal de nuestra espiritualidad.

La propuesta que más fuerza ha tomado en momentos difíciles del matrimonio es "no importa, termina esa relación, no eres la única persona" y entonces el divorcio se convierte en un asunto "sin importancia" pues "todo el mundo lo hace". "No eres la primera, ni serás la última persona". Esos son los misiles que han llevado a muchas personas a tomar decisiones que hoy la lamentan de por vida. Decisiones por no darle importancia a su familia y que la sociedad esta pagando las consecuencias.

En contra de las tendencias

Una mujer en la oficina de consejería dice: "estoy enamorada de un hombre, que no es mi esposo", un esposo confiesa: "una compañera en mi trabajo me hace sentir mejor que llegar a casa", cosas como estas me animan a escribirles acerca del daño que produce a nuestros hijos y a la sociedad este tipo de relaciones. Debido a que hoy la tecnología por su desarrollo nos permite ser casi omnipresentes, no podemos negar que también nos está dejando grandes daños a la vida familiar. Las redes sociales a través del internet está motivando a muchos a buscar saber de aquella persona con la que tuvimos una relación sentimental, saber de aquel novio o novia que tuvimos en nuestro tiempo de colegio, o esa persona con la que pensé que me iba a casar y no lo hicimos. Esa vinculación amorosa que existió en el pasado da pie para iniciar una aventura sentimental que deja resultados nada agradables cuando ya existe una familia constituida. Entienda de manera clara que la vinculación amorosa entre un hombre y una mujer puede producirse con o sin intimidad genital y no todas las aventuras amorosas son de la misma índole. Hay aventuras amorosas donde la pareja siente una gran atracción mutua pero no llegan a tener contacto sexual, y hay muchos hombres casados que piensan que por no haber tenido sexo presencial entonces "no pasó nada". Como ministro cristiano y educador bíblico matrimonial quiero dejar claro la óptica bíblica de eso que podemos llamar una simple aventura. La Biblia dice: Tomará el hombre fuego en su seno sin que sus ropas ardan? Andará el hombre sobre brasas sin que sus pies se quemen? Aquí el sabio Salomón nos deja ver el peligro de jugar con el fuego de la tentación sexual, si usted comienza a enviar mensajes a una persona que no es su cónyuge y que le despierta un interés intenso en mantenerse en contacto enviando y recibiendo mensajes, no le extrañe que comience luego a sentir que el tiempo que está con su cónyuge no le despierta la misma emoción, y le motiva a hacer comparación, luego su vida matrimonial solo la ve totalmente aburrida, sin sentido, y entonces el siguiente paso va a ser una doble vinculación, pues llega a pensar que lo que usted necesita no está en su casa sino fuera de ella y además provoca en su interior una confusión en sus sentimientos. Esto constituye un problema serio en las personas que tienen ilusiones no cumplidas en su matrimonio y además problemas que no se han resuelto en su mundo interior, pues entonces esa relación que solo se mantiene por la computadora, comienza a desearse con más intensidad y se activa la imaginación de cómo sería si estuviéramos cerca, cara a cara, mirándonos, hablando, riendo, tocándonos, poder besarnos, acariciándonos, y lógicamente no podemos sorprendernos que ese deseo interno le lleva a pensar, ¿para que seguir en esta casa, de que me sirve seguir en esta familia? Y piensa: no creo que pueda vivir el resto de mi vida en esta relación sin sentido y izúas!... ya el terreno está preparado para decidir abandonar la casa e irse en busca de ese amor perdido, no importandole su relación con Dios, su pacto matrimonial de hasta que la muerte los separe, sin importarle el profundo dolor de unos hijos que no entienden porque sus padres se separan. Luego esos hijos van al colegio confundidos, esos hijos ya no ríen como otros niños pues en sus mentes suenan las palabras que papá y mamá se dicen, peleándose y atacándose uno al otro, y entonces esos mismos hijos crecen con resentimiento hacia sus padres, con ira ante la gente, pues nadie les entiende su dolor, llevándoles a ser parte de una sociedad adolorida, con rencores profundos, pensando que la vida les debe lo que ellos no alcanzaron en su casa; y todo esto por creernos la mentira de que EL PLACER ES LO QUE CUENTA.

Hay quienes hoy lamentan haber pensado que una aventura amorosa que se sentía tan buena llegara a ser mala. Unos minutos de placer le dejan largos años de dolor.

Cualquiera quien sea que esté leyendo esto le exhorto, si usted no está envuelto en una relación amorosa con alguien que no es su cónyuge, entonces hoy mismo comience a ser preventivo, evite todo aquello que lo pueda comprometer, aléjese de todo lo que favorece comenzar lo que a final de cuentas solo dejara dolor y miseria; pero quiero también dirigirme a quienes están dentro de la marea del engaño de que todo lo prohibido es placentero a largo plazo, por favor busque ayuda ya mismo, rompa todo lo que alimenta sentimientos confusos, salga de esa situación en este mismo momento, ACTUE YA! por amor a Dios, a su cónyuge, a sus hijos y todos los seres queridos que sufrirán por su mala decisión. Hoy es el mejor momento para decidir el valor de su hogar, opóngase a todo lo que apunta para destruirlo y al hacerlo, de seguro tendrá la bendición de Dios y en casa se lo van a agradecer.

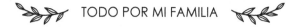

Afirmémonos más fuertes en nuestros valores familiares

Con lo que ya he escrito pareciera ser suficiente para ayudar a las decisiones que van a influir en el futuro suyo, en el de su cónyuge, en el de sus hijos y en el de los familiares que son parte de nuestras ramificaciones. Sin embargo le agrego que debido a que hay fuerzas espirituales que se mueven en contra de nuestros buenos deseos es necesario estar vigilantes y protegernos a través de disciplinas espirituales constantes (Tiempo de oración, meditación ante decisiones, lectura bíblica definida y relación con personas que tienen los mismos valores espirituales y familiares) y así poder detener los dardos y misiles que atacan a la estabilidad de nuestra familia. No nos confiemos, estemos atentos a cada situación por inocente que parezca, y preparémonos para poder demostrar con nuestros resultados, que los que vivimos para Dios tenemos mucho que ofrecer a esta generación cada vez más inmoral y decadente.

ADELANTE, FIRMES, ANTE TODO ATAQUE A NUESTRA FAMILIA.

CAPÍTULO NUEVE

Escuchando las amonestaciones de la vida

*A*lgo que para mí ha sido muy útil para motivarme a hacer cambios en diferentes áreas de mi vida es hacerme preguntas, al hacérmelas también me siento obligado a respondérmelas. Y son esas respuestas las que me sirven para determinar hacer cambios o para mejorar algo que me está dando buenos resultados. Pienso que hacernos preguntas reales, cortantes, formuladas con la fuerte intención de mejorar es uno de los métodos más eficaces para salir del estancamiento. Y si al leer estas líneas piensa que no tiene usted mismo la capacidad de hacerse esas preguntas es positivo tener a alguien cercano, alguien que desee su verdadero crecimiento que sea capaz de hacerle esas preguntas cortantes pero que le llevaran a producir cambios para hacer mejoras.

Pensemos solo en estas preguntas: ¿Que personas de las que le conocen realmente como es, desean ser como usted?

En los últimos dos años ¿en que áreas has tenido crecimiento que sea demostrable?

O tal vez esta: ¿Quienes pueden decir que eres una persona que sabe escuchar? ¿Quienes? ¿Cuantos?

PREGUNTAS. Solo preguntas, hacernos preguntas, o que alguien nos las haga y que nos pueden servir de mucha ayuda. Y quiero que sepa que las preguntas no se limitan solo a estas que he mencionado.

Es posible que esas preguntas algunos de los que nos rodean deseen hacérnoslas y nosotros no las permitimos. La razón es porque pensamos que lejos de ser un beneficio lo tomamos como un ataque y entonces buscamos alejarnos, aislarnos. El aislamiento es un asesino, es el que produce las malas ideas y putrefacta el corazón. Por favor déjeme advertirle que los resultados serán lamentados con el pasar del tiempo, no solo para nosotros de manera personal, también para los que viven con nosotros que pagarán algo que no compraron.

Aquí tengo que reconococer que Yajaira, mi esposa por más de 36 años ha sido esa persona quien me ha obligado a tener que responder preguntas. Ha sido directa, muchas pero muchas veces cortante, pues sus preguntas me han creado incomodidad y también molestia, pues no son agradables, sino al contrario incomodas. Recuerdo haberle escuchado decirme esto después de terminar una predicación ungida y poderosa, salimos del templo y estando en el carro me dice: "Eso es lo que a tí te llena, que la gente te diga que esa palabra estuvo brutal, que palabra tan poderosa... pero yo te conozco, pues yo soy la que vivo contigo y si no soy yo la que te digo lo que tienes que corregir, más nadie lo va a hacer". Ahí está en blanco y negro; lo auténtico recibido de alguien que tiene la asignación de hablarte para servir de ayuda.

HAGAMOS UNA EVALUACIÓN REALISTA

Con el propósito de producir un aporte positivo en todo este escenario vayamos a una palabras escritas por el Sabio Salomón en el libro de Proverbios en el capítulo quince y en el versículo treinta y uno y treinta y dos:

"El oído que escucha las amonestaciones de la vida, Entre los sabios morará. El que tiene en poco la disciplina menosprecia su alma; Mas el que escucha la corrección tiene entendimiento."
Proverbios 15:31-32 RVR1960

Cuando los reveses y desastres aparecen en nuestras vidas descubrimos el material del que estamos hecho. He podido darme cuenta en mi vida que en momentos como estos de calamidades, perdidas es cuando mostramos lo que realmente somos, y que diferentes somos cuando todo nos sale mal.

He llegado a la conclusión después de mucho pensar y analizar que esos momentos malos, difíciles nos muestran lo estables o inestables que somos. La fortaleza o las debilidades que poseemos. Tome ahora un tiempo para hacerse un examen de su mundo interno: ¿Como se ha manejado con resultados adversos que no esperaba? La respuesta a esa pregunta es hoy mismo de gran ayuda.

Regresemos a las palabras del Sabio rey de Israel, el hombre a quien Dios, El Dador de los dones y capacidades le otorgó sabiduría que nadie ha tenido ni tendrá. ¿Que nos dice en las palabras que leímos del libro de proverbios? Al leerla nos dice que hay una manera de alcanzar estar entre los sabios. ¿Cual es esa manera de lograrlo? Leemos que nos dice que "el oido que escucha las amonestaciones de la vida... y quiero que veamos más claramente la palabra amonestación, es un sinónimo de regaño, reprensión, exhortación. Bajo la luz de lo expuesto no debe ser extraño que las adversidades sean parte de nuestra vida ya que según la biblia esas adversidades nos dan la oportunidad de estar entre los sabios. La vida nos produce escenarios dolorosos, difíciles y que nos llevan a momentos emocionales de tristeza. Es allí donde la palabra de Dios cobra un sentido de mucho valor pues nos dice que esos escenarios nos están hablando, muchas veces son gritos para que los escuchemos y aprendamos de esos momentos malos y saquemos de ellos sabiduría. Es entonces cuando podemos descubrir que el hecho que por malas decisiones hemos obtenido situaciones complicadas no es para que nos quedemos en ella y luego andemos por la vida con los hombros caídos, la mirada triste y un andar sin rumbo. NO! Claro que no!. Salomón nos dice que si escuchamos esas amonestaciones, esos regaños con atención podemos fortalecernos, hacer correcciones para mejores decisiones. El tener malos resultados no nos convierte en fracasados, al contrario esos malos momentos nos están invitando a que los escuchemos y entonces hagamos los cambios, a que tomemos resoluciones y podamos ver la mano benéfica del Señor Nuestro Dios a favor de nuestras vidas. Es por eso que agradezco que nosotros los creyentes en Cristo tengamos un libro dado por Dios para nuestro transitar por el camino de la vida, ese libro es La Biblia, que es la

Palabra de Dios. Creo que con solo pensar que allí están escritas las instrucciones de nuestro Dios, de nuestro Creador, me da la tranquilidad de saber que no tengo que ponerme a inventar cosas, ni estar imaginando posibilidades. ALELUYA.

Vamos a tomar esas palabras escritas en el libro de proverbios, libro de sabiduría practica y hagámosla parte de nuestro estilo de vida. Caminemos con sus instrucciones y comparemos los resultados con los de andar por nuestros sentimientos y nuestros caprichos.

Todo esto me interesa mucho, debido a lo que escucho y oigo en mi labor ministerial. Que fácil es sacudirnos y tratar de evadir el llamado que nos hacen las adversidades, intentar mostrarnos fuertes, hasta orgullosos, pensando que los cambios serán a favor nuestro de manera automática, hacemos declaraciones "de fe", rechazamos, reprendiendo las fuerzas malignas mas sin embargo con todo ese gran esfuerzo notamos que el drama continua y continuará ya que el propósito es que escuchemos la amonestación y reconozcamos que nuestra actitud no es bíblica, no es sentido común pues el no hacer correcciones y cambios nos seguirá dando los mismos resultados. ¿Entonces que debemos hacer? Escuchar las amonestaciones que la vida nos está haciendo. Permítame ser dolorosamente sincero con usted, y revisemos el área financiera, Dios le ha provisto de las fuerzas y el conocimiento para tener recursos económicos holgados, un manejo de dinero para todo lo necesario y aún más de lo necesario. Entonces las decisiones que ha tomado le dan la oportunidad de evaluar que esas comodidades económicas hoy son cosas del pasado. Lo que antes le parecía una cantidad de dinero irrisorio, risible, donde lo gastaba a su antojo pues era un monto irrelevante hoy sabe que para producirlo no se hace tan fácil. Preguntémonos entonces: Que amonestaciones me está dando la vida? Una buena y sincera respuesta le hará morar entre los sabios, eso es lo que nos dice Dios a través del sabio Salomón.

Se que es doloroso pero es lo mejor que podemos hacer para sacar provecho de situaciones difíciles, si ha perdido su matrimonio teniendo que atravesar por los innumerables problemas posteriores al divorcio y el profundo dolor que le producimos a nuestros hijos que no tienen ninguna culpa entonces debemos dejar que la amonestaciones nos lleven a ver las zonas obscuras que tenemos y las áreas donde nuestra personalidad ha sido quebrantada para sacar sabiduría del dolor y no iniciar una nueva relación matrimonial sin haber sanado la anterior, al hacerlo tal y como lo dice Dios en su palabra entonces hay una recompensa y es que va a morar, estará entre los sabios. Lleva tiempo admitir eso pero el haber fracasado en su vida familiar lo puede llevar a corregir lo que produjo ese fracaso y convertirse en una mejor persona. Su familia lo necesita y lo necesita mucho. Permítame decirle algo más, si con el pasar del tiempo puede darse cuenta que su vida espiritual ha menguando, que sus intereses se enfocaron en lo temporal, en las comodidades, en lo placentero y observa que hoy la apatía espiritual gobierna a su familia, que hay más problemas que soluciones, que lo desagradable es lo común entre los integrantes, entonces debe escuchar, esas son amonestaciones para regresar a lo que sabe que va a producir lo resultados deseados. No se engañe más a si mismo. Enfréntese ya, ahora mismo a las voces que le están gritando, que le están reprendiendo, amonestando y podrá habitar entre los sabios. Esa es la intención de esta verdad sabia escrita por Salomón.

LA BIBLIA NOS HABLA ACERCA DE NUESTRAS ACTITUDES.

Los enfados, las decepciones, las perdidas son parte de nuestras lecciones de vida. Recuerde que la forma como nos comportamos cuando las adversidades nos llegan muestra lo que realmente somos. Ya que cuando todo sale bien cualquiera adora, canta, se entusiasma y hasta se convierte en un motivador para otros. Pero y ¿cuando las cosas se ponen obscuras y no vemos ni sol ni estrellas? Recuerde que la vida tiene altos y bajos.

Miremos un pasaje bíblico que nos ayuda a visualizar la óptica del apóstol San Pablo al escribirle a los creyentes en la ciudad de Filipos, en el capítulo dos versículos cinco al ocho:

"Haya, pues, en vosotros este sentir que hubo también en Cristo Jesús, el cual, siendo en forma de Dios, no estimó el ser igual a Dios como cosa a que aferrarse, sino que se despojó a sí mismo, tomando forma de siervo, hecho semejante a los hombres; y estando en la condición de hombre, se humilló a sí mismo, haciéndose obediente hasta la muerte, y muerte de cruz."

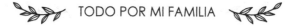

Filipenses 2:5-8 RVR1960

San Pablo nos presenta la actitud de nuestro Señor Jesucristo al tomar humildemente la decisión de venir a esta tierra para salvarnos de la condenación eterna y para alcanzarlo se humilló hasta tomar la posición de siervo, dejando a un lado su prominente posición de gloria, su posición en los cielos. Agregar esta verdad teológica a nuestros principios de vida nos ayuda para alimentar nuestra atención a las actitudes.

NUESTRA FAMILIA LO NECESITA

Posiblemente la mejor formar de fortalecer este capítulo es tomar las palabras del versículo treinta y dos del capitulo quince de Proverbios que ya hemos leído que nos dice:

"El que tiene en poco la disciplina menosprecia su alma; Mas el que escucha la corrección tiene entendimiento." Prov. 15:32

Saquemos los principios que van a servirnos dentro de esta generación que nos impulsa a ser orgullosos, altivos e individualistas. Es mi anhelo que puedan implantarse en su modo de vida y se conviertan en buenas memorias para su familia.

PRIMERO: No Menospreciemos la Disciplina. A estas altura de la vida no podemos permitirnos andar por la vida errando, divagando, vamos a darle el valor a la disciplina, a los tiempos difíciles para que nos ayuden a proteger nuestras almas. No importa lo que le han plantado en su corazón en contra de no escuchar las correcciones, no importa lo que otros puedan pensar, no deje que esas actitudes arruine su vida, su matrimonio y a su familia. SU FAMILIA LO MERECE TODO.

SEGUNDO: Nuestro Nivel Espiritual debe ser Prioridad. Valore su alma y la de los suyos por encima de los bienes materiales, de las amistades y aún hasta de la congregación a la que asista, si esa congregación no le están llevando a la valoración de lo eterno.

TERCERO: Seamos Activos en Recibir Correcciones. El entendimiento se consigue, de manera que también requiere de una parte activa, debe haber una búsqueda y para eso se requiere de humildad y estar presto a la corrección. Es sorprendente cuando no hay la humildad necesaria para estos momentos, la inmediata reacción que se produce en personas a las que con muy buenas intenciones se le han hecho correcciones. Tomemos la enseñanza y esperemos los resultados de tener la humidad de ser agradecidos con quienes nos hacen las correcciones. Y si me pregunta ¿Cuál es el beneficio de escuchar las correcciones? La respuesta está en el texto, nos dice que recibiremos entendimiento.

Las palabras finales para este capítulo las quiero dedicar a ese resultado que la palabra de Dios nos ofrece: ENTENDIMIENTO. Con tan solo la actitud humilde de recibir la corrección de las personas que no se van a beneficiar de sus logros ni tampoco van a sufrir de sus fracasos.

El entendimiento es uno de los aspectos esenciales del crecimiento. Cuando el entendimiento es parte de la vida de una persona es debido a que ha tenido la capacidad de prestar atención para comprender la razón de ser de las situaciones. Así que ese entendimiento puede ser alcanzado cuando evaluamos la razón por la que se nos hace la corrección (¿es buena la intención? ¿Es para hacerme daño?). De allí partimos para luego ser recompensados por Dios por nuestra correcta actitud.

Con el entendimiento podremos moldear nuestro pensamiento y obtendremos de parte de Dios respuestas a las situaciones y retos de la vida. Y como lo vimos ya anteriormente no es algo que llega con solo desearlo, sino es el resultado de nuestra actitud y diligencia por obtenerlo.

Finalmente, tome la determinación de sentarse en completo silencio y hágase preguntas que pueda responderse a si mismo, sobre su nivel normal de aprendizaje de las amonestaciones que la vida le está dando. ¿Tiene dificultades en recibir la corrección de las situaciones dolorosas?

¿Se aleja de las personas que le hacen correcciones? Entonces le invito a orar con toda sinceridad, abriendo su corazón ante nuestro Dios a quien no podemos ocultarle nada.

CAPÍTULO DIEZ

Dios nos da la victoria
para nuestra familia

*P*ara toda tarea que queramos desempeñar se hace necesario la preparación. Llevar nuestra vida y a nuestra familia hacia la victoria que Dios nos ofrece no es algo fácil. Se requiere de confianza en Dios y también de acciones nuestras. Es posible que usted haya experimentado estar un día de reunión de adoración y predicación en su congregación y haber escuchado al predicador que desde el púlpito dijo que dejara en las manos del Señor sus cargas y preocupaciones, y usted concluyó orando con fe y confiando en la intervención de Dios sobre sus asuntos y regresó a su casa y al llegar encuentra un escenario frustrante que le desalienta y entonces piensa que de nada le sirve estar en el templo. ¿Le ha pasado? Si la respuesta es un sí, entonces le doy la bienvenida al club de los que tenemos familias imperfectas y que debemos hacer arreglos para una tarea que no es sencilla.

Esto me dice a mí que nuestra vida cristiana requiere de elementos que están mencionados en las Sagradas Escrituras y que no podemos dejarlas de lado. Cuando uno vive la vida cristiana de acuerdo a las instrucciones bíblicas, puede entender que hay promesas que el Señor Nuestro Dios nos hace que están condicionadas a acciones previas que nosotros debemos hacer. No es correcto que la enseñanza bíblica para los creyentes esté únicamente basada en "yo declaro", en "lo recibo" o en la famosísima frese que dice "por la fe, lo tengo". Ahora quiero explicarme lo mejor posible, no quiero decir que esas expresiones son incorrectas o anti cristianas, no, claro que no. Lo que sí quiero dejar claro es que hay asuntos de nuestra vida de fe que requiere de nuestras acciones para que luego podamos ser testigos de la fidelidad de Dios, acciones que preparan el escenario para que podamos experimentar que lo que Dios dice es efectivo.

Preguntémonos por ejemplo: ¿Cómo vamos a ayudar a nuestros hijos adolescentes a enfrentar la presión de las pasiones sexuales? Una buena pregunta, ¿no le parece? En una sociedad que incita a que el sexo es para disfrutarlo y donde los slogan promocionan el sexo diciéndonos "que algo que se siente tan bueno no puede ser tan malo" nos obliga a tener que orar por nuestros hijos con intensidad y agregarle el cuidado y la dirección que como padres se nos asigna. Debemos creer en la ayuda del Señor cuando ellos no están junto a nosotros, cuando salen a sus clases escolares y se juntan con sus compañeros de salón pero no sin antes haberles expuestos nuestra influencia paterna y materna con conversaciones y pregunta sobre el tema. Que le dirían sus hijos o hijas si usted le preguntara: Hijo (a) si alguien te pidiera que tuvieran relaciones sexuales ¿Que harías? Estoy seguro que la respuesta a esa pregunta sea cual sea nos va a abrir la puerta para poder tener con nuestros hijos una conversación de preparación para una tarea difícil como es el manejo de la sexualidad mientras están en la adolescencia y antes de casarse. El no permitirles estar solos en situaciones comprometedoras ya que el sexo tiene un poder que lleva a nublar la razón. Esa combinación de preparación previa de conversación sobre el tema del manejo de las pasiones sexuales más nuestro tiempo de oración por ellos, nos van a permitir que podamos descansar en las promesas de Dios sobre sus vidas cuando no podemos estar a su lado.

Esto es trabajo duro pero no tengo dudas de la diferencia que habrá dentro en su hogar debido a que no se está improvisando la dirección que Dios nos ha asignado en la tarea de ser padres.

Se que ahora después de leer esto ya podemos mirar que es ingenuo el solo declarar "lo creo, lo creo, lo recibo" sin hacer la preparación previa que es nuestra responsabilidad. Unas preguntas adicionales que quiero que las tome como tema de conversación en la tarea de preparación para la victoria de Dios sobre nuestra familia. Preguntas:

¿Que harías si te ofrecieran una cantidad grande de dinero para hacer algo ilícito que te puede meter en graves problemas? Recuerde que el dinero tiene el poder de llevarnos a hacer lo que sabemos que no debemos hacer. Permítame unas preguntas más: ¿Tienes metas? ¿Sabes cuales son tus convicciones cristianas? ¿Que crees con relación a la música? ¿Y que de las drogas? Son preguntas, solo preguntas que nos llevan a tener que prepararnos con anticipación y no dejar las cosas a la improvisación.

Antes de que lo pueda perder como lector debido a que pueda estar pensando si esa es una posición bíblica o una creencia del pastor Massi, le invito a que me acompañe a leer unas palabras que se encuentran en el libro de sabiduría, el libro de los proverbios, en el capítulo veintiuno y el último versículo que es el treinta y uno:

"El caballo se alista para el día de la batalla; Mas Jehová es el que da la victoria."
Proverbios 21:31 RVR1960

Leyendo este versículo podemos con gran facilidad recibir esta verdad que ya hemos planteado en este capítulo diez de este libro. Se ve perfectamente claro que el Rey Salomón no quiere que perdamos de vista que "... Jehová es el que da la victoria". Si le parece útil subráyelo. Ahora no quiere que tampoco perdamos de vista lo que antecede a esas palabras y es que "El caballo se alista para el día de la batalla".

¡Que excelente afirmación! Jehová da la victoria. Sí, de eso no hay duda. Dios está involucrado en el asunto, sin dejar de ver que el caballo lo preparamos nosotros. Como podemos ver, la perspectiva de Dios es mucho más amplia que la nuestra. Y nos la ilustra con una figura de guerra en el tiempo de las conquistas. Para cada batalla que había que librar los caballos eran parte importante de ella. Así que con mucho tiempo de anticipación el jinete y el caballo tenían que tener una combinación para evitar caídas sorpresivas, preparación para movimientos bruscos al evitar una flecha, identificar la voz del jinete en medio del ruido de la batalla. De manera que el texto nos está hablando que la sabiduría en la preparación es la anticipación. Debemos prepararnos PARA el día de la batalla y no en el día de la batalla. Debemos convencernos que Jehová nuestro Dios es el que nos da la victoria pero veamos que el texto no dice que es Jehová el que alista el caballo. Entonces nos da la victoria cuando nosotros hemos alistado el caballo. Así que nuestra familia obtendrá la victoria que Dios nos promete mientras nosotros la alistamos para la batalla a la que se enfrenta. En una sociedad donde reina la apatía debemos ampliar nuestra visión para evaluar el escenario y no dejar los resultados a la improvisación, que luego cubrimos con un manto llamado "decreto" "confesión positiva" "lo creo, lo recibo". Son decisiones hecha con la debida anticipación. La fe no es una justificación para el desorden y la negligencia.

Los hijos se preparan para el matrimonio y no en el matrimonio. Es allí donde la preparación comienza en casa, pues la sociedad bombardea con misiles que les lleva a pensar que el noviazgo es un tiempo para disfrutarse y luego el matrimonio es para conocerse. No, claro que no, primero se conocen y después se disfrutan. Entonces nuestros hijos necesitan preparación previa para que el noviazgo sea un tiempo dedicado a descubrirse, para saber con anticipación cuales son los gustos, los anhelos, las metas, los proyectos de vida, cuantos hijos pudieran tener, como manejaran el dinero y entonces al alistarnos para el matrimonio Jehová nos dará la victoria.

La preparación de los padres para los hijos en cuanto a las finanzas es que primero se produce y después se compra. Si eso no es parte de los principios de vida entonces la motivación de la sociedad tomará el dominio donde primero se compra y después se produce el dinero, y entramos en el mundo de las deudas, pues el circulo en el que caen nuestros hijos por la falta de preparación es que el crédito es una obligación para obtener las cosas que necesitamos. Y en mi óptica debido a muchas experiencias que he visto es que el manejo del dinero y las deudas es parte importante de nuestra espiritualidad. Es triste que muchos jóvenes que están dentro de las iglesias están sin futuro económico, que no pueden tener una casa propia, que aún después de alcanzar la mayoría de edad todavía dependen económicamente de sus padres. La determinación de manejo del dinero se inicia en la casa de solteros antes de entrar a la etapas de casados. Miremos estas sabias palabras escritas para nosotros:

"Tesoro precioso y aceite hay en la casa del sabio; Mas el hombre insensato todo lo disipa."
Proverbios 21:20 RVR1960

Leámoslo en otra versión:

"En casa del sabio abundan las riquezas y el perfume, pero el necio todo lo despilfarra."
Proverbios 21:20 NVI

Una decision importante para usted hoy querido lector es saber la diferencia entre sabio y necio según este pasaje que estamos leyendo. El sabio tiene tesoro, abundancia y el necio todo lo gasta. Sencillo pero directo.

DIOS HONRA LA PLANIFICACIÓN

Usted no se prepara cuando este jubilado para saber como va a vivir su vida. Usted lo debe hacer con anticipación, se alista para la jubilación no en la jubilación. Eso es hacer familia. Es pensar por anticipado. ¿Pensar? Si, pensar, no nos enseñan a pensar, nos enseñan a actuar sin pensar. Veamos a nuestro Señor Jesucristo hablándonos sobre el tema de la planificación:

"Porque ¿quién de vosotros, queriendo edificar una torre, no se sienta primero y calcula los gastos, a ver si tiene lo que necesita para acabarla? No sea que después que haya puesto el cimiento, y no pueda acabarla, todos los que lo vean comiencen a hacer burla de él, diciendo: Este hombre comenzó a edificar, y no pudo acabar. ¿O qué rey, al marchar a la guerra contra otro rey, no se sienta primero y considera si puede hacer frente con diez mil al que viene contra él con veinte mil? Y si no puede, cuando el otro está todavía lejos, le envía una embajada y le pide condiciones de paz."
S. Lucas 14:28-32 RVR1960

Prestemos atención a las palabras "no se sienta primero y calcula los gastos", ¿sobre quien está hablando? Leemos y nos dice del que queriendo edificar una torre. Un ejemplo más lo ilustra con un rey al marchar a la guerra "se sienta y considera", eso es NO a la improvisación, al desorden, no a la negligencia y decir sí a la planificación, al pensar y planear como con la ayuda de Dios vamos a planear la victoria de la edificación de nuestro hogar y la guerra contra nuestra familia.

Y quiero ser sincero con usted, nosotros los cristianos y líderes eclesiásticos necesitamos afirmar nuestro conocimiento sobre la preparación para las tareas, que no es otra cosa que "sentarnos y pensar". Y creo que hemos exagerado el decir que estamos siempre ocupados, alardeamos mucho sobre las muchas tareas que desempeñamos pero ¿y los resultados? ¿Donde están? Reconozcámoslos a pesar de las muchas actividades hay poca importancia a la preparación previa. Cuando Dios llamó a Noé para la tarea por el diluvio, solo le dio las instrucciones pero el arca la tuvo que construir él. Así que Dios nos da la victoria sobre nuestra familia pero el alistamiento nos toca a nosotros. No se duerma en clichés rebuscados y repetitivos que no ayudan en nada. Salomón nos insta que miremos que en la batalla tendremos la victoria que Dios nos va a entregar sin dejar el caballo a la deriva, no es dentro de la batalla que se alista el caballo, no, pues ya es muy tarde, el caballo se alista PARA la batalla y entonces Jehová Dios nos da la victoria.

Lo desafío a que se apoye en esta postura bíblica y tome otros pasajes como la parábola de las Díez vírgenes dicha por el Señor Jesucristo y saque conclusiones con su biblia en mano y papel y lápiz para anotar sus conclusiones. Jesús tuvo una vida equilibrada y nos enseñó a todos sobre la preparación.

Medite en esto bien antes de contestar: ¿Hacia donde estoy conduciendo a mi familia?

Al tener la respuesta entonces sostenga estos principios para la preparación, la victoria nos la da el Señor, nosotros hacemos los planes y él trabaja a favor de ellos, él cambia los corazones endurecidos, él hace lo que nosotros no podemos hacer. Únase a su cónyuge en un trabajo en equipo, y hablen sobre planificación y luego oren juntos para la realización de una tarea llamada FAMILIA. Pues no tenemos dudas que nuestra familia lo merece todo.

Ahora quiero dejarles para concluir este capítulo les dejo unas porciones de las Sagradas Escrituras, de la Biblia que es la palabra de Dios para que las lea tantas veces que sea necesario y pueda memorizar la que considere más apropiada a su necesidad:

"Y él dijo: Mi presencia irá contigo, y te daré descanso. Y Moisés respondió: Si tu presencia no ha de ir conmigo, no nos saques de aquí."
Éxodo 33:14-15 RVR1960

"Porque así dijo Jehová el Señor, el Santo de Israel: En descanso y en reposo seréis salvos; en quietud y en confianza será vuestra fortaleza. Y no quisisteis,"
Isaías 30:15 RVR1960

"Camina en su integridad el justo; Sus hijos son dichosos después de él."
Proverbios 20:7 RVR1960

"He aquí, herencia de Jehová son los hijos; Cosa de estima el fruto del vientre."
Salmos 127:3 RVR1960

"Y vosotros, padres, no provoquéis a ira a vuestros hijos, sino criadlos en disciplina y amonestación del Señor."
Efesios 6:4 RVR1960

CONCLUSIÓN

*L*os hechos no mienten. El ataque en contra de la estabilidad familiar continúa en aumento. ¿Puedes darte cuenta cómo ese ataque por diferentes vías te obliga a concentrarte y dedicarte 100% al Señor? Nos exige de manera inmediata y obligatoria a trabajar juntos. Si no lo hacemos con diligencia y de manera conjunta tendremos malos resultados. ¿Es posible que no hemos aprendido esta lección y debido a eso satanas a tenido éxito en destruir hogares cristianos? Nos han llevado a ser complacientes, perezosos, y solo nos interesa la comodidad y el entretenimiento.

Iglesia de Jesucristo esto es algo muy serio. En serio, Satanás te quiere robar, matar y destruir. Quiere destruir tu familia y tu iglesia. Tú puedes ser un Noé, que se levanta como instrumento de Dios para la salvación de ellos. Construye un arca para tu familia. Pelea y no te detengas. Peleemos juntos. Nadie puede resistirte. Y tenemos la buena noticia, esa segura y buena noticia es que Dios peleará con nosotros y por nosotros.

Pastor J Antonio Massi

Libros publicados por el Ministerio
Restaurando la Familia

Yajaira J. Massi

Prólogo J. Antonio Massi

Un hueco en el vacío

Todos tenemos conflictos, especialmente
conflictos emocionales

Ministerio Restaurando La Familia

YAJAIRA MASSI

JUNTOS Y DE ACUERDO

Principios bíblicos para los retos matrimoniales

Ministerio Restaurando La Familia

¡LO QUE CREEMOS Y LO QUE VIVIMOS!

Prólogo por Yajaira J. Massi

CONVICCIONES
BÍBLICAS en un mundo confundido

J. Antonio Massi

J. Antonio Massi

Un verdugo llamado
TEMOR

MINISTERIO RESTAURANDO LA FAMILIA

J. Antonio Massi

Vivir por Fe

Viviendo Sobre los Pronósticos de la Vida

MINISTERIO RESTAURANDO LA FAMILIA

Ministerio Restaurando La Familia

J. ANTONIO MASSI

PRÓLOGO DR. LUIS ÁNGEL DÍAZ-PABÓN

Un *Misterio* llamado

Matrimonio

**Ayuda para descubrir principios bíblicos
para el éxito matrimonial**

NOCHES FRÍAS

YAJAIRA J. MASSI

Notas

Notas

Notas

Notas

Printed in the United States
by Baker & Taylor Publisher Services